Christoph Schickhardt

Nicht systemrelevant

Eine Aufarbeitung
der Corona-Politik aus
kinderethischer Sicht

Suhrkamp

Klimaneutral
Druckprodukt
ClimatePartner.com/14438-2110-1001

Erste Auflage 2024
suhrkamp taschenbuch 5265
Originalausgabe
© Suhrkamp Verlag AG, Berlin, 2024
Alle Rechte vorbehalten.
Wir behalten uns auch eine Nutzung des Werks
für Text und Data Mining im Sinne von § 44b UrhG vor.
Umschlaggestaltung: Brian Barth, Berlin
Druck und Bindung: CPI books GmbH, Leck
Printed in Germany
ISBN 978-3-518-47265-1

www.suhrkamp.de

Inhalt

Einleitung

In Deutschland lebten zu Beginn der Corona-Pandemie im Winter 2020 ca. 13,7 Millionen Kinder und Jugendliche. Diese Minderjährigen im Alter zwischen null und 17 Jahren machten ungefähr ein Sechstel der Bevölkerung aus. Mehr als zwei Millionen von ihnen besuchten eine Kita, mehr als acht Millionen eine allgemeinbildende Schule. Schaden nahmen sie nicht so sehr durch das Virus selbst – schnell und zunehmend klar stellte sich heraus, dass die allermeisten jungen Menschen durch die verschiedenen Virus-Varianten kaum gefährdet waren. Schaden nahmen sie durch die politischen Pandemie-Maßnahmen, die drastisch in ihre Rechte und ihr Leben eingriffen, sowie durch ein katastrophales Krisenmanagement. Zum Schutz der Älteren wurden die Jüngeren ungleich schwer belastet und negative Folgen unzureichend abgefedert. In Krisen treten Werte und Prioritäten, aber auch Machtstrukturen einer Gesellschaft besonders deutlich hervor: In Deutschland fanden die Bedürfnisse der Kinder und Jugendlichen in Politik und Öffentlichkeit lange Zeit kaum Berücksichtigung. Systemrelevant waren andere und anderes. Die Selbstverständlichkeit und Geräuschlosigkeit, mit der Maßnahmen mit teilweise einschneidenden Folgen über die Köpfe der jungen Menschen hinweg erlassen und aufrechterhalten wurden, lässt sich nur teilweise mit dem Krisenmodus der Pandemie erklären.

Die Schließungen von Kitas, Schulen und Freizeitangeboten nahmen den Minderjährigen existenziell wichtige Bezugssysteme und Lebensräume. Kinder und Jugendliche in dysfunktionalen Familien mit Gewalt- und Missbrauchspotenzial wurden ihrem Schicksal überlassen, warnende Stimmen aus der Wissenschaft, die bereits im Frühjahr 2020 laut wurden, weitgehend überhört. Lange Zeit blieb unbeachtet, dass Kinder und Jugendliche Grundbedürfnisse haben, die sich von denen Erwachsener teilweise deutlich unterscheiden, z.B. im Bereich körperlicher und seelischer Gesundheit. Weitgehend unbeachtet blieb auch, dass manche sogar besondere Bedürfnisse haben, etwa nach einer freundlichen Umgebung außerhalb ihrer Familien, nach Schutz vor Vernachlässigung, Gewalt oder Missbrauch.

Die Pandemie hat der Welt den Spiegel vorgehalten, und Deutschland zeigte sich darin als ein Land, in dem für Kinder und Jugendliche wichtige Institutionen wie die Schulen viele Mängel haben und die jungen Menschen dementsprechend häufig nicht auffingen; als ein Land mit einer beschämend hohen Rate an Kinderarmut, in dem sich die sozialen Ungleichheiten pandemiebedingt in zentralen Bereichen wie Bildung, Lebensqualität und Gesundheit verschärften; als ein Land, in dem junge Menschen keine Lobby haben, wenig Rechte und Mitsprache, und das Kinder und Jugendliche beim Umgang mit den Belastungen der Pandemie-Politik weitgehend sich selbst bzw. ihren Familien überließ. Manchen gelang es – teilweise mit Unterstützung ihrer Familien – auf beeindruckende Weise, damit umzugehen; anderen gelang das weniger gut, z.B. weil familiäre Hilfe und Ressourcen fehlten oder sie Vorbelastungen hatten. Nach Ende der Pandemie zeigt sich ein Land, das, mit neuen Krisen beschäftigt, zur alten »Normalität« zurückkehren will – als sei diese vorher gut gewesen, als habe sie sich in der Pandemie bewährt und als gäbe es keine durch die Pandemie geprägte neue »Normalität«.

Warum konnten politisch Verantwortliche in den Jahren der Pandemie eigentlich so agieren, wie sie es taten? Welche Rechte auf bestimmte Leistungen haben Kinder und Jugendliche? Was schuldet ihnen der Staat bzw. die Gesellschaft, die sich im Staat organisiert? Eine mögliche Antwort, an der sich die Corona-Politik zu orientieren schien, lautet: wenig bis nichts – zumindest wenn es hart auf hart kommt. So konnten die Regierungen z.B. Schulen mit unverbindlicher Selbstverständlichkeit schließen, weil zwar geklärt ist, dass diese Macht über Kinder (und ihre Eltern) ausüben dürfen, aber kaum, welche Verantwortung die Schulen für Kinder und Jugendliche und deren Rechte, Wohl und Schutz haben. Die politisch Verantwortlichen konnten handeln, wie sie es taten, weil weder in ihrem Bewusstsein noch im Gesetz oder in der Öffentlichkeit klar ist, welche Aufgaben und Verantwortlichkeiten der Staat gegenüber seinen Kindern und Jugendlichen hat.

Die Corona-Pandemie ist ein Lehrstück über die Rolle junger Menschen in dieser Gesellschaft. In diesem Buch wird dieses Lehrstück aus kinderethischer Perspektive noch einmal betrachtet. Dabei werden zunächst kinderethische Grundlagen eingeführt. Sie bilden das begriffliche und normative Grundgerüst für die kinderethische Analyse und Bewertung der Corona-Politik. Diese konzentriert sich auf Bereiche, in denen die Corona-Maßnahmen besonders deutlich zu spüren waren, Kinderschutz, Beteiligung, Bildung, Wohlbefinden und Gesundheit. Die Folgen der Pandemie werden für junge Menschen noch lange spürbar sein: auf individueller Ebene, auf mittlerer Ebene, z.B. bezüglich der Gleichheit bzw. Bildungs*un*gleichheit zwischen Kindern und Jugendlichen, und auf der Makroebene, wie bei der Staatsverschuldung und dem zukünftigen Umgang mit Ausnahmesituationen und Krisen. Die nächste Pandemie kommt bestimmt. Für Thomas Mertens, Virologe und langjähriger Vorsitzender der Ständigen Impfkommission, ist das nur eine Frage der Zeit.[1]

Die Pandemie war ein globales Ereignis mit katastrophalen Folgen für Millionen Menschen weltweit, die starben, schwere Krankheitsverläufe hatten, Angehörige verloren oder ihre wirtschaftliche Existenz. Für Deutschland meldete das Robert Koch-Institut bis zum Juni 2023 rund 174 400 Sterbefälle in Zusammenhang mit dem Covid-19-Virus.[2] Wenn es in diesem Buch nur um die Rolle und Belange der Kinder und Jugendlichen geht, bedeutet dies nicht, dass all die anderen Aspekte und schlimmen Folgen für viele andere Menschen in Deutschland und weltweit relativiert werden sollen. Ebenso wenig soll die damalige Notwendigkeit politischer Maßnahmen zum Schutz bestimmter Bevölkerungsgruppen in Abrede gestellt werden. Es geht um das »Wie« dieser Maßnahmen, sofern sie Kinder und Jugendliche betrafen.

Das Buch kann nicht das gesamte, stetig anwachsende Feld wissenschaftlicher Studien zu den vielseitigen Auswirkungen der Pandemie abbilden. Es hat allerdings den Anspruch, Impulse zu geben in Bezug auf die Frage, was in zukünftigen Pandemien anders gemacht werden sollte und vor allem mit Blick darauf, was sich strukturell in vielen Bereichen jetzt ändern muss. Das Buch versteht sich als Beitrag zur dringlichen öffentlichen Debatte über die Rolle von Kindern und Jugendlichen in unserer Gesellschaft.

I. Kinderethische Grundlagen

Kinder und Jugendliche

Die Begriffe »Kinder und Jugendliche« beziehen sich in diesem Buch auf alle Minderjährigen zwischen der Geburt und der Vollendung des 18. Lebensjahres. In einigen juristischen Dokumenten wird das Wort »Kinder« für Kinder und Jugendliche bis zur Volljährigkeit verwendet, weshalb auch in diesem Buch manchmal der Kürze wegen oder aufgrund feststehender Begriffe wie »Kindeswohl« nur von »Kindern« die Rede ist, aber dennoch Kinder und Jugendliche gemeint sind. Angesichts der großen Altersspanne ist es schwierig, bestimmte Eigenschaften festzuhalten, die allen Kindern und Jugendlichen gleichermaßen zu eigen sind. Einige Merkmale kommen als charakteristisch in Betracht, auch wenn sie stark variieren können und Jugendliche sich mit zunehmender Reife immer weniger von »normalen« jungen Erwachsenen unterscheiden. Dazu gehören gewisse natürliche Umstände, die universell bzw. kulturunabhängig vorhanden sind: Kinder, vor allem sehr junge Kinder, und Jugendliche können nicht oder nur eingeschränkt für sich selbst sorgen, sie weisen eine besondere Fürsorgeabhängigkeit von anderen Personen auf und haben besondere geistige, körperliche und soziale Bedürfnisse, z.B. nach stabilen Bezugspersonen oder Geborgenheit. Kinder und Jugendliche, vor allem jüngere Kinder, stehen in teils existenziellen Abhängigkeitsverhältnissen zu anderen Personen, insbesondere zu ihren Eltern, denen sie gewöhnlich an Körperkraft, Wissen, Lebenserfahrung und letztlich an Macht unterlegen sind.

Kinder und Jugendliche befinden sich in einer für das gesamte weitere Leben grundlegenden und prägenden Entwicklungsphase mit zu verschiedenen Zeiten sich öffnenden und wieder schließenden Entwicklungsfenstern, in denen das Erlernen bestimmter Kompetenzen leichtfällt. Diese Kompetenzen später zu erwerben ist zwar nicht unmöglich, aber deutlich erschwert. Aus der besonderen Bedeutung der Kindheit und Jugend als Entwicklungsphase für das ganze Leben ergibt sich eine besondere »Entwicklungsverletzlichkeit«. Am Anfang ihrer Entwicklung verfügen junge Menschen im Vergleich zu »normalen« Erwachsenen noch über eingeschränkte kognitive, geistige und soziale Fähigkeiten, entwickeln diese aber zunehmend, wodurch sie nach und nach selbständig werden. Kinder und Jugendliche weisen physiologisch-medizinische und psychologische Eigenheiten auf. Sie sind keine kleinen Erwachsenen.

Im gegenwärtigen Deutschland sind auch soziale und kulturelle Bedingungen und Gegebenheiten für Kinder und Jugendliche prägend. Dazu gehören das System Schule und Kita, die wirtschaftlichen Bedingungen inklusive einer speziell auf junge Menschen abzielenden Konsumgüter- und Digitalindustrie, die Familien mit den typischen Strukturen der Kleinfamilie und mit den zunehmenden Formen von Ein-Eltern- und Patchwork-Familien, die sozioökonomischen Verhältnisse und die Arbeitsbedingungen der Eltern oder Migrationshintergründe. Auch die sozialen Bedingungen wirken sich auf die Verletzlichkeiten (Vulnerabilitäten) von Kindern und Jugendlichen aus, die individuell und je nach Entwicklungsstand variieren. Für junge Menschen gelten auch bestimmte Gesetze, die u. a. festlegen, dass sie erst ab 18 Jahren als vollständig autonome Rechtspersonen mit allen bürgerlichen Rechten und Pflichten gelten. Dabei kennen sie häufig ihre Rechte nicht oder können sie nicht einfordern und durchsetzen.

Kinder und Jugendliche haben aber nicht nur bestimmte Verletzlichkeiten, sondern auch besondere »kindertypische« Stärken, Fähigkeiten und Resilienzen – in unterschiedlichen Ausprägungen. Physiologisch waren sie z. B. gegen das Corona-Virus widerstandsfähiger als Erwachsene. Junge Menschen sollten nicht aus einer »defizit-orientierten« Perspektive über ihre »Mängel« im Vergleich zum Idealbild der »normalen« Bürgerin, des »mündigen« Bürgers betrachtet werden. So sagt der Neurologe Dieter Braus etwa: »Kreativität, die Fähigkeit, Grenzen zu überwinden, die Lust, neue Dinge auszuprobieren und andere Lösungen zu finden, stammen oft von Menschen zwischen zwölf und 25. Pubertierende sind die wichtigste Ressource unserer Gesellschaft, und eigentlich bräuchten wir viel mehr von ihrem Innovationspotenzial.«[3]

Die meisten Kinder und Jugendlichen sind auch in der Lage, ihre Erfahrungen, Bedürfnisse und Anliegen zu schildern, wenn man ihnen Gehör schenkt. Relevant ist schließlich, worauf bereits Jean-Jacques Rousseau hinwies: dass junge Menschen nicht nur von der Entwicklungsperspektive aus betrachtet werden dürften, d.h. mit Blick darauf, was sie eines Tages als Volljährige sein können oder sollen und was sie auf dem Weg dahin brauchen und tun müssen. Vielmehr sollten sie auch als Kinder und Jugendliche in ihrer Gegenwart im Hier und Jetzt gesehen werden.[4]

Kinderethik beschäftigt sich mit moralischen Fragen, die Kinder und Jugendliche betreffen. Sie untersucht u.a., ob und wie echte oder vermeintliche kinderspezifische Merkmale moralisch zu berücksichtigen sind. Eine ihrer zentralen Aufgaben ist die kritische Analyse und Bewertung der Frage, wie junge Menschen im Verhältnis zu ihren Eltern, dem Staat und der Gesellschaft geachtet und behandelt werden sollten. Kinderethik fragt z.B., ob Säuglinge Rechte haben können und sollten, obwohl sie nicht verstehen, was Rechte sind.

In seinem 1995 erschienenen Roman »Der Vorleser« legt Bernhard Schlink dem Vater des jugendlichen Protagonisten, einem Heidelberger Philosophieprofessor, folgende Worte in den Mund: »Erinnerst du dich nicht mehr, wie es dich als kleinen Jungen empören konnte, wenn Mama besser wusste als du, was für dich gut war? Schon wieweit man das bei Kindern tun darf, ist ein wirkliches Problem. Es ist ein philosophisches Problem, aber die Philosophie kümmert sich nicht um die Kinder. Sie hat sie der Pädagogik überlassen, wo sie schlecht aufgehoben sind. Die Philosophie hat die Kinder vergessen.«[5] Diese Klage ist bzw. war zum damaligen Zeitpunkt berechtigt. In der Aufklärung beschäftigten sich führende Philosophen wie John Locke, Jean-Jacques Rousseau, Immanuel Kant und Wilhelm von Humboldt wenn auch nicht systematisch mit Kinderethik, so doch ausführlich mit ethischen Fragen der Pädagogik oder Erziehung. In der Folge war es auch für Philosophinnen und Philosophen späterer Generationen, deren Schaffen sich teilweise bis in die fünfziger Jahre des zwanzigsten Jahrhunderts erstreckte, selbstverständlich, sich auch mit Fragen der Bildung oder Erziehung zu beschäftigen.[6] Diese Selbstverständlichkeit ging in der vorherrschenden Philosophie der Nachkriegszeit verloren. Ab ungefähr 2007 nahmen in der deutschsprachigen Philosophie einige Nachwuchswissenschaftlerinnen und -wissenschaftler, darunter ich selbst, moralische Fragen, die Kinder und Jugendliche betreffen, systematisch in den Blick.[7] Ausgangspunkt war die Erkenntnis, dass Kinder und Jugendliche bzw. sie betreffende moralische Fragen in der akademischen Ethik oder Philosophie weitgehend vernachlässigt wurden, was sowohl angesichts der Komplexität der Fragen wie auch ihrer gesellschaftlichen Bedeutung unerklärlich war. In ihren Arbeiten konnten die deutschsprachigen Philosophinnen und Philosophen an angelsächsische Autoren anknüpfen, die in den 1990er-Jahren begonnen hatten, sich mit Kinderethik zu beschäftigen.[8] Heute ist die Kinderethik dabei, sich als ein kleineres unter vielen Teilgebieten der deutschsprachigen wie englischsprachigen akademischen Philosophie bzw. Ethik zu etablieren.

Kindeswohl

Solange Minderjährige noch nicht oder nur eingeschränkt fähig sind, ihr Leben eigenverantwortlich zu führen und für sich selbst zu sprechen, braucht es Orientierung in Form einer Vorstellung von dem, was für junge Menschen gut ist. Was ist also gut für sie? Und worin bestehen ihre spezifischen Interessen? Diese beiden Fragen werden häufig und auch hier unter dem Begriff des Kindeswohls behandelt.[9] Diesem haftet manchmal eine paternalistische Note an. Außerdem wird der Begriff häufig mit dem Kindesschutz, dem Schutz vor Kindeswohlgefährdungen, in Verbindung gebracht. Frei von diesen Verengungen wird den folgenden Ausführungen ein liberales Grundverständnis des Kindeswohls zugrunde gelegt. Drei Aspekte des Kindeswohls sind dabei als zentrale inhaltliche Bestandteile unabdingbar:

1. Autonomieentwicklung: Entwicklung und individuelle Entfaltung zu einer autonomen, d.h. selbstbestimmungsfähigen Person mit einer offenen Zukunft

2. Wohlbefinden: sich wohlfühlen im Sinne von Zufriedenheit, Glücklichsein, subjektivem Wohlbefinden

3. Eine Reihe von Grundgütern wie z.B. Gesundheit, die, je nach Sichtweise, an und für sich gut sind für Kinder und Jugendliche oder notwendig bzw. förderlich sind für die Autonomieentwicklung und das Wohlbefinden

ad 1. Autonomieentwicklung

Die Autonomieentwicklung ist ein zentraler Bestandteil des Kindeswohls: Junge Menschen sollten Fähigkeiten und Erfahrungen erwerben, die es ihnen ermöglichen, sich individuell zu entfalten und zunehmend Freiheiten wahrzunehmen, um ihr Leben selbst zu bestimmen und zu gestalten. Da jeder Mensch ab einer gewissen Reife und ab einem gewissen Alter (Volljährigkeit) sein Leben eigenverantwortlich gestalten will, sollte er ab der Kindheit lernen und nach und nach in die Lage versetzt werden, sein Leben selbst zu bestimmen und Freiheiten auszuüben. Dazu sollten junge Menschen Kenntnisse und Erfahrungen bezüglich der eigenen Talente, Vorlieben und Charaktereigenschaften gewinnen. Leitgedanke sollte die Realisierung eines selbstbestimmten Lebens entlang der persönlichen Vorstellung von einem guten Leben sein. Junge Menschen sollten spätestens bei Eintritt ins Erwachsenenleben echte Alternativen bei der Wahl und Gestaltung wichtiger Lebensbereiche haben, wie z. B. bei der Entscheidung zu (beruflicher) Bildung, Berufswahl, Partnerschaft, Sexualität, Freundinnen und Freunden, Bekannten, Religion und Weltanschauung. Am Ende der Kindheit und Jugend sollte eine »offene Zukunft« stehen.[10]

ad 2. Wohlbefinden

Neben der Autonomieentwicklung ist das Wohlbefinden im Sinne des subjektiven Sich-Wohlfühlens ein weiterer zentraler Bestandteil des Kindeswohls. Damit sind positive bzw. angenehme psychische Empfindungen, Gefühle oder Stimmungen gemeint wie Freude, Lust, Spaß, Genuss, Zufriedenheit, Unbeschwertheit, Stolz, Vergnügen etc. Kinder und Jugendliche sollten überwiegend zufrieden und glücklich sein und sich sicher fühlen. Sie haben ein Recht auf Umstände, die es ihnen erlauben, sich grundsätzlich wohlzufühlen. Eine gute Kindheit und Jugend muss sich für die Kinder und Jugendlichen auch gut anfühlen. Eine Kindheit, in der ein junger Mensch nicht lacht oder nur selten glücklich ist, kann keine gute Kindheit sein. Auch kann es keine gute Kindheit und Jugend sein, wenn vor allem starke negative Gefühle wie Unzufriedenheit, Traurigkeit, Schmerz, Unlust, Verdruss, Niedergeschlagenheit, Langeweile, Einsamkeit, Angst, Frust oder Enttäuschung dominieren. Allerdings ist nicht jedes subjektiv positive Gefühl bzw. nicht jeder Anlass für positive Gefühle moralisch unproblematisch und zu begrüßen. Wenn ein Kind Freude daran hat, ein anderes zu ärgern, sollte das kritisiert und diese Art der Freude nicht gefördert werden.

ad 3. *Grundgüter*

Der dritte Aspekt des Kindeswohls umfasst eine Reihe von Grundgütern, die an und für sich gut für junge Menschen sind oder gemäß dem allgemeinen Kenntnisstand für die beiden Kindeswohlbestandteile Autonomieentwicklung und Wohlbefinden notwendig oder in hohem Maße förderlich sind.[11] Dazu gehören u.a. die Befriedigung von Grundbedürfnissen (Essen, Trinken, Schlafen usw.), körperliche und seelische Gesundheit, Bildung, Selbstachtung, Resilienz, Mitsprache- und Beteiligungsmöglichkeiten sowie angemessene Freiheitsräume, Chancen, Liebe, Zuneigung, Geborgenheit und stabile Bindungen, soziale Kontakte wie Zusammensein und Austausch mit anderen jungen Menschen sowie mit Erwachsenen, bestimmte sprachliche, kognitive und soziale Fähigkeiten, Spielen und Sport. Die meisten dieser Güter sind sowohl für Autonomie als auch für Wohlbefinden notwendig oder förderlich, wenn auch nicht immer gleichermaßen für beide.

Was dagegen ist schlecht für Kinder und Jugendliche? Vernachlässigung, Gewalt oder Missbrauch sind u.a. deshalb schlimm, weil sie nicht nur punktuell, sondern massiv, substanziell und langfristig die Verwirklichung nahezu aller genannten wichtigen Kindeswohlbestandteile gefährden bzw. sogar deren Gegenteil bewirken, also z.B. Unselbständigkeit statt Autonomie, Traurigkeit und Selbstverachtung statt Wohlbefinden und Selbstachtung oder körperliche und seelische Verletzlichkeiten und Krankheiten statt Resilienz und Gesundheit. Dass derartige Schädigungen ausbleiben, z.B. auch durch Kindesschutzrechte und Maßnahmen gegen Kindeswohlgefährdungen, ist selbstverständlich wichtig für jeden jungen Menschen und sein Wohl. Für die Verwirklichung des Wohls von Kindern und Jugendlichen ist aber wesentlich mehr notwendig.

Gemäß dem liberalen Ansatz ist es wichtig, dass die Interessen von Kindern und Jugendlichen als Interessen *des individuellen Kindes* im Sinne einer einzelnen und vollwertigen Person zu verstehen sind und nicht einfach mit den Interessen der Eltern, Familie, Gemeinschaft oder gar des Staates gleichgesetzt werden dürfen.[12] Ebenfalls Ausdruck des liberalen (und nicht paternalistischen) Ansatzes ist es, die Bedeutung der Mitsprache und Beteiligung zu unterstreichen: als Teil der Achtung und Förderung der Autonomie, als wichtiger Schritt, um das Wohlbefinden der Kinder und Jugendlichen zu erfragen, zu verstehen und zu achten, sowie als Bedingung für ihre Selbstachtung. Die einzelnen Bestandteile des Kindeswohls hängen teils vielschichtig und eng miteinander zusammen; und die Kinderrechte, die wichtige Bestandteile des Kindeswohls als Ansprüche der Kinder und Jugendlichen formulieren, müssen vernetzt gedacht werden, sie entfalten ihren vollen Wert erst im Zusammenspiel.

Eine besondere Herausforderung bei Entscheidungen darüber, was dem Kindeswohl dient bzw. abträglich ist, betrifft die zeitliche Dynamik der Kindheit und Jugend. Das Kindeswohl muss berücksichtigen, was *jetzt* für ein Kind als Kind gut ist, was *im Laufe der späteren Kindheit und Jugend* für das Kind gut sein wird und was für den jungen Menschen in ferner Zukunft als erwachsene Person gut sein wird. Schokolade zu essen kann einen jungen Menschen im Moment glücklich machen, zu einem späteren Zeitpunkt aber als Grund von Zahnschmerzen auch Unbehagen verursachen oder zu einem noch späteren Zeitpunkt als Ursache von Übergewicht Möglichkeiten der Selbstentfaltung einschränken.

Rechte der Kinder und Jugendlichen

Es reicht nicht, eine Vorstellung vom Kindeswohl zu haben; vielmehr kommt es darauf an, ob und wie das Kindeswohl bzw. die Interessen der Kinder und Jugendlichen in der sozialen Realität Gewicht haben und geachtet werden. Das gesellschaftlich wichtigste Instrument, um entsprechende Ansprüche Minderjähriger zu formulieren, sind ihre *Rechte*. Es gibt verschiedene Sphären, in denen Kinder und Jugendliche Rechte haben. In der Sphäre der Ethik werden jungen Menschen mit Bezug auf moralische Gründe und Intuitionen moralische Rechte zugesprochen, wofür die kinderethische Bestimmung des Kindeswohls die zentrale inhaltliche Grundlage bildet. In der Sphäre der geltenden Gesetze haben Minderjährige sogenannte juridische Rechte, die auf erlassenen Gesetzen oder der Verfassung beruhen. Sozusagen auf halbem Weg zwischen der ideellen Sphäre der Ethik und der Sphäre des faktisch geltenden Rechts (Gesetzes) steht die Sphäre der Menschenrechte. Menschenrechte sind weitgehend Teil des internationalen Rechts, werden oft als weiches Recht (*soft law*) bezeichnet und haben einen hohen moralischen Anspruch und Impetus.

Kinder und Jugendliche sind grundsätzlich Träger der Allgemeinen Menschenrechte, wie sie im Jahr 1948 in den dreißig Artikeln der »Allgemeinen Erklärung der Menschenrechte« von der Generalversammlung der Vereinten Nationen verkündet wurden. Allerdings wurden diese Menschenrechte, ähnlich wie die Grundrechte im Grundgesetz (GG), kaum mit Blick auf Kinder und Jugendliche formuliert. Ausdrückliche *Kinder*rechte in internationalen Menschenrechtsdokumenten finden sich in der UN-Kinderrechtskonvention (UN-KRK), die 1989 von den Vereinten Nationen verabschiedet und seitdem von allen UN-Mitgliedstaaten bis auf die USA ratifiziert wurde, darunter Deutschland im Jahr 1992. Bemerkenswert an der UN-KRK ist, dass sie Minderjährigen nicht nur Fürsorge-, sondern auch

Freiheitsrechte zuspricht, z.B. das Recht auf Meinungsfreiheit, und Kinder und Jugendliche als sich selbst- und mitbestimmende Personen in den Blick nimmt.[13] In der UN-KRK ist ein Dreiklang von Schutz, Förderung und Beteiligung zu erkennen, der für das Kindeswohl und die Kinderrechte wichtig ist.[14]

Für die kinderethische Analyse der deutschen Corona-Politik besonders interessant ist das sogenannte Kindeswohlprinzip, dem gemäß bei allen staatlichen Maßnahmen, von denen Kinder und Jugendliche betroffen sind, »das Wohl des Kindes ein Gesichtspunkt« sei, »der vorrangig zu berücksichtigen ist« (UN-KRK Art. 3.1). Ebenfalls relevant sind das Recht des Kindes auf Bildung (UN-KRK Art. 28), das Recht des Kindes auf Ruhe und Freizeit, Spiel und altersgemäße Freizeitbeschäftigung sowie auf freie Teilnahme am kulturellen und künstlerischen Leben (UN-KRK Art. 31) und nicht zuletzt das stark und ausführlich formulierte Recht auf Schutz vor Gewaltanwendung, Verwahrlosung, Misshandlung (UN-KRK Art. 19). Den Rechten der jungen Menschen stehen im Wortlaut der UN-KRK jeweils formulierte Pflichten des Staates gegenüber. Anzumerken ist jedoch, dass die Rechte der UN-KRK für Kinder und Jugendliche in Deutschland nicht einfach einklagbare Individualrechte darstellen.[15]

Kinder und Jugendliche in Deutschland sind nicht nur Träger der »weichen« Rechte aus der UN-KRK, sondern auch Träger »harter« juridischer Rechte, angefangen bei den grundgesetzlichen Verfassungsrechten. Aufgrund der Tatsache, dass nirgendwo im Grundgesetz steht, ob die Grundrechte auch Minderjährigen zustehen, war diese Frage jahrzehntelang unklar. Heute besteht Konsens unter Verfassungsrechtlerinnen und Verfassungsrechtlern, dass auch Kinder und Jugendliche Träger der Grundrechte sind.[16] Kinder und Jugendliche haben prinzipiell alle grundgesetzlichen Freiheiten wie Erwachsene auch, allerdings unterliegen sie in der Wahrnehmung ihrer Freiheiten verschiedenen Beschränkungen, insbesondere seitens ihrer Eltern im Rahmen der elterlichen Sorge.[17] Explizit erwähnt werden Kinder oder Jugendliche im Grundgesetz nur in zwei Artikeln: Artikel 6, in dem es um Familie und vor allem um die Rechte der Eltern geht, und Artikel 7, indem es um Schule geht. Indirekt werden Minderjährige in Artikel 38 Abs. 2 erwähnt, wo sie als noch nicht Volljährige vom Recht zu wählen ausgeschlossen werden.

Gerechtigkeit

Ob das Wohl der Kinder und Jugendlichen z.B. in Form von Kinderrechten in unserer Gesellschaft ausreichend, d.h. moralisch angemessen berücksichtigt wird, ist eine Frage der Gerechtigkeit. Was aber ist eine aus ethischer Sicht gerechte Gesellschaft? Und wie müssen Kinder in der Gesellschaft gestellt sein und behandelt werden, damit es ihnen gegenüber sozial gerecht zugeht? Auf diese Fragen kann es keine einfachen Antworten geben. Trotzdem soll hier zumindest kurz und vereinfacht ein Ansatz zu sozialer Gerechtigkeit im Allgemeinen und mit Blick auf Kinder und Jugendliche im Besonderen skizziert werden.

Grundsätzlich gelten zwei Prinzipien. Erstens: Alle Menschen verdienen Achtung, d.h., sie müssen mit Respekt behandelt werden. Dieser Grundsatz lässt sich mit Immanuel Kant damit begründen, dass jeder Mensch ein Zweck an sich ist, kein Ding und kein Instrument, und dass jeder Mensch Träger der Menschenwürde ist.[18] Zweitens: Alle Menschen gelten gleich, d.h., alle Menschen müssen trotz der zahlreichen Unterschiede, die *de facto* zwischen ihnen bestehen, als Gleiche geachtet und behandelt werden. Diese beiden Prinzipien lassen sich zu einem Grundsatz zusammenfassen, dem der gleichen Achtung aller Menschen. Dieser gilt auch für Kinder und Jugendliche. Auch jeder junge Mensch verdient die gleiche moralische Achtung und Berücksichtigung wie Erwachsene und muss mit dem gleichen Gewicht als eigenständiger und individueller Mensch gelten.

Was kann der sehr allgemeine Grundsatz der gleichen Achtung aller Menschen mit Blick auf die Vorstellung einer gerechten Gesellschaft konkreter bedeuten? Ein plausibler Ansatz ist die Forderung, dass eine gerechte Gesellschaft inspiriert sein sollte vom Ideal einer *fairen Kooperation freier und gleicher Menschen*, wie es der US-amerikanische Philosoph John Rawls in »Eine Theorie der Gerechtigkeit« ausgearbeitet hat.[19] Seine Theorie gesellschaftlicher Gerechtigkeit benennt und diskutiert, was die beiden wichtigsten Ideale der westlichen liberalen politischen Philosophie – Freiheit und Gleichheit – im Rahmen einer demokratischen und rechtsstaatlichen Gesellschafts- und Staatform bedeuten und wie sie in ein angemessenes Verhältnis zueinander zu setzen sind.[20]

Das Prinzip der Achtung aller Menschen verlangt, die Interessen eines jeden einzelnen Menschen ausreichend zu achten, ihm insbesondere Freiheitsrechte zuzugestehen und ihm dabei zu helfen, die Freiheiten *wirklich* auszuüben und *tatsächlich* ein selbstbestimmtes Leben zu führen entsprechend seinem eigenen Plan von einem glücklichen bzw. guten Leben.

Das Prinzip der Gleichheit bedeutet grundsätzlich, dass alle Menschen mit ihren Interessen »auf dieselbe Weise mit Achtung und Respekt behandelt« werden müssen.[21] Wie kann dieses Prinzip nun auf Kinder und Jugendliche angewendet werden? Offensichtlich kann man ein sehr junges Kind und einen mündigen Erwachsenen nicht immer gleich behandeln. Auf einer primären und grundlegenden Ebene verdienen die Interessen, Bedürfnisse und Rechte von jungen Menschen nicht weniger Achtung als diejenigen erwachsener Menschen. Das wäre ungerecht und diskriminierend. Auf einer nachgeordneten, sekundären Ebene können Ungleichbehandlungen ethisch gerechtfertigt sein, *wenn* es dafür gute ethische Gründe gibt.[22] Es ist z. B. gerecht, dass ein Dreijähriger im Unterschied zu einem Erwachsenen nicht allein einkaufen gehen darf, im Kaufhaus dann aber lauter und wilder sein darf als ein Erwachsener. Für diese Ungleichbehandlung gibt es gute Gründe, die mit der Reife und den Interessen des Kindes zu tun haben. Auf der sekundären Ebene geht es um eine ethisch gerechtfertigte Ungleichbehandlung, d. h. um einen *fairen* Umgang mit spezifischen Eigenschaften und Unterschiedlichkeiten von Menschen.

Schon John Rawls hat erkannt, dass Gerechtigkeit nicht nur eine Frage der Verteilung von Gütern zwischen Mitgliedern einer Gesellschaft zu *einem* bestimmten Zeitpunkt ist, sondern auch eine intertemporale Frage *zwischen* Generationen. Jede Generation ist auch der Zukunft verpflichtet, muss auf nachfolgende Generationen Rücksicht nehmen, keine Generation darf die eigenen Interessen höher werten als die der kommenden. Rawls führt daher einen »gerechten Spargrundsatz« ein, der die Verhältnisse zwischen Generationen bestimmen soll.[23] Die unmittelbare kinderethische Relevanz der zeitlichen Gerechtigkeitsdimension besteht darin, dass aus moralischer Sicht auch demokratisch legitimierte Regierungen und Parlamente, die in Deutschland von einer verhältnismäßig stetig zunehmenden Anzahl älterer stimmberechtigter Bürgerinnen und Bürger gewählt werden, Lasten und Kosten nicht einfach in die Zukunft der heutigen Kinder und Jugendlichen verschieben dürfen. Die Prinzipien der Gleichheit und Freiheit müssen auch zwischen Generationen gelten. Dieser Gerechtigkeitsgedanke findet einen gewissen Ausdruck im Urteil des Bundesverfassungsgerichts zum Klimaschutz vom 24. März 2021 mit der Begründung des intertemporalen Grundrechtsschutzes und einem »Recht auf Wahrung der künftigen Entfaltungsfreiheit« bzw. dem Recht junger Menschen, in Zukunft nicht übermäßig die Lasten des Klimawandels tragen zu müssen. Für Kinder und Jugendliche und damit auch für die Kinderethik spielt die Zukunft in Form zukünftiger kollektiver Lebensbedingungen, z.B. mit Blick auf Staatsverschuldung oder Erdklima, eine wichtige Rolle. Kinderethik ist aber nicht mit der Gerechtigkeit für zukünftige Generationen zu verwechseln: Jungen Menschen sollte zwar die Zukunft gehören, sie sind aber keine zukünftige Generation, sondern eine *gegenwärtige*.

Die Perspektive der Gerechtigkeit lässt sich, anknüpfend an Rawls, in einem »Gedankenexperiment« veranschaulichen: Man stelle sich vor, freie und gleiche Personen kommen in einer »Urvertragssituation« zusammen, um einvernehmlich über die Prinzipien ihres Zusammenlebens in einer zukünftigen Gesellschaft zu entscheiden, wobei sie hinter einem »Schleier des Nichtwissens« stehen. Die Personen wissen nicht, wer sie in der zukünftigen Gesellschaft sein werden oder wie ihre sozioökonomische Herkunft und Stellung sein werden. Sie kennen weder Geschlecht noch individuelle Talente oder Schwächen, die sie als echte individuelle Personen in der zukünftigen Gesellschaft haben werden, und auch nicht, worin ihre Werte und ihr Plan vom guten Leben bestehen werden. Sie wissen nicht, ob sie als Neugeborene, junge Kinder oder Erwachsene in dieser Gesellschaft leben werden. Für welche politischen und rechtlichen Regeln des sozialen Zusammenlebens in Familie, Staat und Gesellschaft, für welche Verteilung von Macht, Rechten, Pflichten und Chancen im sozialen Zusammenleben würden sie sich entscheiden? Sie würden nicht nur dafür stimmen, dass jeder Erwachsene ein Leben in Freiheit führen kann, sondern auch die Rechte junger Menschen stark machen. Um sich gegen die größten Risiken abzusichern, die ihnen drohen, wenn sie in prekäre oder schlecht funktionierende Familienverhältnisse hineingeboren würden, würden die Menschen beispielsweise beschließen, dass junge Menschen in der zukünftigen Gesellschaft wirksame Rechte auf Schutz, Unterstützung und Förderung haben, etwa auch ein Recht auf echte, substanzielle und faire Chancen im Bereich der Bildung.

Kinder, Eltern, Staat

Kinder, Eltern und Staat stehen in einem komplexen Dreiecksverhältnis zueinander. Mit Blick auf dieses Beziehungsgeflecht ist zu klären, wie das Verhältnis zwischen zwei Parteien moralisch zu sehen ist, z.B. das Eltern-Kind-Verhältnis, und in welcher Rolle die jeweils dritte Partei, hier z.B. der Staat, zu diesem Verhältnis steht. Die kinderethische Perspektive rückt bei der Analyse der einzelnen Verhältnisse jeweils das Wohl und die Rechte der Kinder und Jugendlichen in den Mittelpunkt.

Kinder und Eltern

Wie ist das Eltern-Kind-Verhältnis ethisch einzuordnen? Dürfen Eltern über ihre Kinder frei bestimmen? Im deutschen Recht heißt es, dass die Pflege und Erziehung der Kinder Recht *und* Pflicht der Eltern sind (Art. 6 Abs. 2 Satz 1 GG; § 1626 Abs. 1 BGB). Aus meiner kinderethischen Perspektive ist die Rede von *Rechten* der Eltern im *Binnenverhältnis zu ihrem Kind* jedoch irreführend und grundsätzlich fehl am Platz. Elternschaft ist eine sozial normative Rolle, die durch die *Verantwortung* der Eltern für das Wohl des Kindes bestimmt ist.[24] Eltern zu sein bedeutet in diesem Sinne, die Pflicht zu haben, im Rahmen eines gewissen Gestaltungspielraums das Wohl ihrer Kinder zu schützen und zu fördern. Eltern müssen dafür sorgen, dass das Kindeswohl in hinreichendem Ausmaß gewährleistet ist, insbesondere Autonomieentwicklung, subjektives Wohlbefinden und die Grundgüter. Das bedeutet u.a., dass Eltern den Willen der Kinder berücksichtigen und ihre wachsende Selbstbestimmungsfähigkeit achten müssen. Generell gilt: Die Macht der Eltern ist an den Zweck der Elternschaft, das Kindeswohl, gebunden. Eltern haben nicht das Recht, gemäß der eigenen Lust, Laune und den eigenen Interessen frei über ihre Kinder zu verfügen.[25] Derartige Rechte kann in einer liberalen Gesellschaft, in der jeder Mensch als voll und gleichermaßen achtungswürdig gilt, kein

Mensch über einen anderen haben. Aus ethischer Sicht dürfen Eltern ihre Eigeninteressen und persönlichen Vorlieben nur insofern in die Ausübung der elterlichen Sorge über das Kind einfließen lassen, als sie für das Kindeswohl zuträglich, mit ihm gut vereinbar oder ihm zumindest nicht abträglich sind.

Kinder und Staat

Die wichtigste kinderethische Frage, die durch die Corona-Politik aufgeworfen wird, lautet: Was muss der Staat für Kinder und Jugendliche tun, welche Rechte auf bestimmte Leistungen haben sie? Was schuldet ihnen der Staat bzw. die Gesellschaft, die sich im Staat organisiert? Eine mögliche Antwort, an der sich die Corona-Politik zu orientieren schien, lautet: wenig bis nichts – zumindest in Krisen, wenn es hart auf hart kommt. Dann haben allein die Eltern Verantwortlichkeiten für ihre Kinder. Eine solche Minimalantwort, die den Staat weitgehend aus der Verantwortung nimmt, wird durch das, was das Grundgesetz zu den Rechten der Kinder und Jugendlichen gegenüber dem Staat besagt, zumindest nicht unmittelbar und offensichtlich widerlegt.

Die für die Stellung Minderjähriger wichtigsten Passagen des Grundgesetzes sind die Absätze 2 und 3 des Artikels 6. Absatz 2 besagt: »Pflege und Erziehung der Kinder sind das natürliche Recht der Eltern und die zuvörderst ihnen obliegende Pflicht. Über ihre Betätigung wacht die staatliche Gemeinschaft.« Absatz 3 des Art. 6 GG besagt: »Gegen den Willen der Erziehungsberechtigten dürfen Kinder nur [...] von der Familie getrennt werden, wenn die Erziehungsberechtigten versagen oder wenn die Kinder aus anderen Gründen zu verwahrlosen drohen.« Ursprünglich ging es den Verfassern des Grundgesetzes um die Rechte der *Eltern*, das Abwehrrecht der *Eltern* gegenüber staatlichen Eingriffen, und nicht um den *Kinder*schutz oder die Rechte der *Kinder*.[26] Für die Frage, was der Staat *Kindern und Jugendlichen* schuldet, ist aber entscheidend, ob dieser zu ihrem Schutz aktiv werden und gegebenenfalls eingreifen *muss*, ob sie ein *Recht* darauf haben, ein Schutzrecht. Ein solches ist in den Formulierungen aber nicht zu finden. Verfassungsrechtlerinnen und -rechtler erkennen zwar eine »Aufgabenzuschreibung« an den Staat oder einen staatlichen »Schutzauftrag«,[27] aber kein konkretes Recht der Kinder auf eine staatliche (Schutz-)Leistung oder auf einen bestimmten Kinder- und Jugendschutz.[28]

Im Grundgesetz finden sich auch nicht viele andere greifbare Leistungen, zu denen der Staat gegenüber Kindern und Jugendlichen verpflichtet wäre. Zwar formuliert ein Urteil des Bundesverfassungsgerichts aus dem Jahr 1968, dass sich ein Kind »zu einer eigenverantwortlichen Persönlichkeit innerhalb der sozialen Gemeinschaft« entwickeln solle, »wie sie dem Menschenbild des Grundgesetzes entspricht«.[29] Aber was junge Menschen konkret dafür brauchen und was der Staat dazu beisteuern muss, bleibt weitgehend unverbindlich und offen. So wurde z.B. erst infolge der Corona-Pandemie durch ein Urteil des Bundesverfassungsgerichts prinzipiell anerkannt, dass Kinder und Jugendliche ein Recht auf schulische Bildung haben. Die ehemalige Hamburger und Berliner Justizsenatorin und Richterin Lore Maria Peschel-Gutzeit sagte über die »Förderung von Kindern, die besondere Förderung ihrer Begabung, ihrer Talente, ihrer Möglichkeiten«: »Davon steht in unserer Verfassung kein Wort, jedenfalls nicht bezogen auf Kinder.«[30]

Aus kinderethischer Sicht hat der Staat gegenüber Kindern und Jugendlichen klare Verpflichtungen, die auch anerkannt werden sollten, und zwar in den Bereichen Schutz, Förderung und Beteiligung. Eltern sind diejenigen, die kraft ihrer gesellschaftlichen Rolle primär viel Verantwortung für das Wohl ihres Kindes tragen. Aber Kinder und Jugendliche sind bei aller engen sozialen Einbettung in ihren Familien eigenständige Personen mit schützenswerten und achtunggebietenden Rechten, die nicht nur bis zur Grenze der Familie bestehen oder zu bestehen aufhören, wenn oder wo die Familie ihnen nicht gerecht wird. Aus kinderethischer Perspektive bestehen die Rechte der Kinder auf angemessene Achtung und Verwirklichung der wichtigen Bestandteile des Kindeswohls auch gegenüber Dritten außerhalb der Familie und verlangen von jedem Mitglied der Gesellschaft bzw. von Seiten des Staates Achtung und Berücksichtigung.

Aus kinderethischer Sicht bestimmt das Gesetz nicht ausreichend klar, dass Kinder und Jugendliche gegenüber dem Staat ein Recht auf Unterstützung und Schutz gegen Kindeswohlgefährdungen haben und dass der Staat eine entsprechende Leistungs- und Schutzpflicht gegenüber jungen Menschen hat.[31] Die starke Berücksichtigung des elterlichen Abwehrrechts und die mangelnde Prioritätensetzung zugunsten des Kindeswohlschutzes in Recht und Politik scheint sich in der Praxis niederzuschlagen: Staatliche Behörden identifizieren Kinder und Jugendliche mit besonderen Risiken nicht in ausreichendem Maß und suchen sie entsprechend nicht auf. Ein systematisches Screening nach wissenschaftlich belegten Risikofaktoren (zu denen z.B. Armut, polizeibekannte Gewaltbereitschaft, Straffälligkeit der Eltern, problematische Wohnsituation in sozialen Brennpunkten gehören könnten), um Betroffene mit erhöhtem Risiko sowie ihre Eltern frühzeitig zu identifizieren und zu unterstützen, potenzielle Gefährdungen zu monitoren und Gefährdungsdynamiken frühzeitig zu adressieren, gibt es nicht.[32]

Gefährdungen des Kindeswohls, z.B. durch Vernachlässigung oder Gewalt in Familien, sind quer durch die Gesellschaft zu beklagen, die Dunkelziffern sind hoch. Die UN-KRK beinhaltet einen klaren staatlichen Schutzauftrag: In Artikel 19 der UN-KRK verpflichten sich die Staaten dazu, »alle geeigneten Gesetzgebungs-, Verwaltungs-, Sozial- und Bildungsmaßnahmen« zu treffen, um das Kind vor jeder Form körperlicher oder geistiger Gewaltanwendung, Schadenszufügung oder Misshandlung, vor Verwahrlosung oder Vernachlässigung, vor schlechter Behandlung oder Ausbeutung einschließlich des sexuellen Missbrauchs in seiner Familie zu schützen. Außerdem verpflichten sich die Staaten zur Einrichtung von Sozialprogrammen, zu Vorbeugungsmaßnahmen zum Schutz der Kinder in den Familien und »Maßnahmen zur Aufdeckung, Meldung, Weiterverweisung, Untersuchung, Behandlung und Nachbetreuung« von Fällen schlechter Behandlung von Kindern und gegebenenfalls für das Einschreiten der Gerichte. Artikel 34 der UN-KRK beinhaltet noch einmal spezifische Pflichten des Staates zum Schutz von Minderjährigen vor sexuellem Missbrauch. Das erste Ziel muss es sein, Kinder und Eltern zu unterstützen, damit es den Kindern in ihren Familien besser geht. Die Verantwortung für den Schutz der Kinder gebietet es, ein aktives Sicherheitsnetz einzubauen.

Über das Recht auf wirksamen Schutz vor Gefährdungen hinaus haben Kinder und Jugendliche mit Blick auf *Förderung* zentraler Bestandteile ihres Wohls aus kinderethischer Sicht Rechte auf Autonomieentwicklung, Wohlbefinden sowie auf Grundgüter wie Bildung und Gesundheit. Staat und Gesellschaft stehen in der Pflicht, junge Menschen, wo nötig, in verschiedenen Bereichen des kindlichen und gesellschaftlichen Lebens zu fördern und zu unterstützen, in Ergänzung zu dem, was die Eltern allein leisten (können). Diese Verantwortung muss insbesondere mit Blick auf diejenigen, denen es in ihren Familien nicht gut geht, klar anerkannt und erfüllt werden. Durch außerfamiliäre Angebote wie Spielplätze, Freizeiten sowie Betreuungs- und Aufenthaltsorte kann der Staat es den Kindern und Jugendlichen z.B. ermöglichen, sich zumindest temporär wohl und glücklich zu fühlen und ihnen Anlaufstellen und Schutzräume schaffen.

Die Rechte der Kinder bestehen auch in Schule oder Kita. Bildung ist selbstverständlich ein wichtiges Grundgut, aber Schule oder Kita müssen darüber hinaus auf das gesamte Wohl der Kinder achten. Aufgrund der Schulpflicht müssen junge

Menschen einen beachtlichen Teil ihrer Kindheit und Jugend in der Schule und mit Schulaufgaben verbringen. Wohlbefinden zu garantieren muss zu einer Leitlinie von Schulen werden. Es ist eine moralische Grundbedingung für die Legitimität der Schulpflicht und für alles Lernen und jede Leistungserwartung gegenüber Schülern und Schülerinnen. Für die Schulen und ihr Personal bedeutet dies u.a. die Schaffung einer angstfreien Atmosphäre, in der es einen respektvollen und freundlichen Umgang mit den jungen Menschen gibt, nach Möglichkeit in schönen Klassenzimmern und anderen ansprechenden Räumlichkeiten.

Eltern und Staat

Die zwei Aspekte, dass sowohl die Eltern als auch der Staat bzw. die Allgemeinheit in der Verantwortung für das Kind stehen und seinem Wohl und seinen Rechten verpflichtet sind, sollten aus ethischer Sicht die Leitplanken für das Verhältnis zwischen Eltern und Staat bilden. Historisch und im geltenden Gesetz ist dies aber nicht der Fall. Früher wurde das Verhältnis zwischen Staat und Eltern meist nicht aus der Perspektive der Kinder und Jugendlichen gedacht und geregelt. Im Mittelpunkt standen die Eigeninteressen von Staat, Eltern und auch der Kirchen und damit die Frage nach der *Macht* über Kinder und Jugendliche.[33]

Im Grundgesetz hält der Staat sich zwei Möglichkeiten offen, in das elterliche Recht auf ungestörte Sorge und Erziehung des Kindes einzugreifen: erstens in Form des bereits erwähnten staatlichen Wächteramtes (Art. 6 Abs. 2 GG), das es dem Staat erlaubt, gegen den elterlichen Willen in die Eltern-Kind-Beziehung einzugreifen, »wenn die Erziehungsberechtigten versagen oder wenn die Kinder aus anderen Gründen zu verwahrlosen drohen« (Art. 6 Abs. 3 GG); und zweitens in Form der Schule bzw. der allgemeinen Schulpflicht und der staatlichen Aufsicht über das Schulsystem.[34]

Bezüglich des sogenannten staatlichen Wächteramtes über

das Kindeswohl in der Familie sind die gesetzlichen Herausforderungen für staatliche Eingriffe sehr hoch. Obwohl die Bedeutung des niederschwelligen und frühzeitigen Handelns verstärkt anerkannt wird, muss eine Situation mit »ziemlicher Sicherheit« zu einer »erheblichen« oder »nachhaltigen und schweren« Schädigung führen, um als Kindeswohlgefährdung zu gelten.[35] Bleibt ein frühes und eventuell vorbeugendes Ansprechen und Unterstützen in diesen komplizierten Zusammenhängen aus, kann es dazu kommen, dass die Gefährdung zu spät festgestellt wird: »Gefährdungen des Kindeswohls zeigen sich mit gleitenden Übergängen zu echten Schädigungen.«[36] Es muss oft bereits zu eklatanten Zuständen gekommen sein, bevor eine zukünftige Kindeswohlgefährdung bejaht und gehandelt wird. In seinem gegenwärtigen Ansatz ähnelt der Staat in Form der Einrichtungen des Kinder- und Jugendschutzes, aber auch anderer Einrichtungen wie Schulen, einem *schlafenden Wächter*. Er schaut oder fragt nicht aktiv und systematisch nach. Vieles bleibt dem Zufall, z.B. einem Hinweis von Nachbarinnen und Nachbarn auf einen Gefährdungsverdacht, überlassen. Immerhin wurden mit dem 2012 in Kraft getretenen Bundeskinderschutzgesetz (BKiSchG) und ergänzenden Gesetzen der Länder zum Kinderschutz in den vergangenen rund 15 Jahren in den Schulen einige Voraussetzungen für eine stärkere Vernetzung des Kinder- und Jugendschutzes und eine gesetzliche Grundlage dafür geschaffen, dass Lehrerinnen und Lehrer oder andere Amtspersonen unter bestimmten Bedingungen »gewichtige Anhaltspunkte für die Gefährdung des Wohls eines Kindes oder eines Jugendlichen« an das Jugendamt weitergeben dürfen (§ 4 BKiSchG).

Das Grundgesetz und seine verfassungsrechtliche Auslegung, die den Rahmen und die Werteprioritäten für den Kinder- und Jugendschutz vorgeben, legen aus meiner kinderethischen Perspektive zu viel Gewicht auf das elterliche Abwehrrecht gegen den Staat und kein ausreichendes Gewicht auf den Schutz von Kindeswohl und Kinderrechten. Durch das große Gewicht des Elternrechts geht es im Gesetz und seiner Auslegung immer auch sehr stark darum, wann der Staat eingreifen *darf* (»Eingriffsermächtigung«[37]) und wann nicht. Die für das Verhältnis zwischen Staat und Eltern vorrangige Frage sollte lauten: Was ist gut für *Kinder und Jugendliche*? Ist es für den Schutz vor Wohlgefährdungen am besten, wenn das Jugendamt ihr Wohl regelmäßig überprüft, wenn es interveniert oder wenn es die Familie nur auf freiwilliger Basis unterstützt oder ganz in Ruhe lässt? Gemäß der gegenwärtigen Gesetzeslage ist es eine Abwägungsfrage zwischen den Interessen des Kindes und dem Recht der Eltern: Darf das Jugendamt zum Schutz der Kinder und Jugendlichen aktiv werden, oder muss es das Recht der Eltern achten?

Eltern und Staat sollten ein Arrangement ihrer Rollen, Aufgaben, Rechte und Pflichten bezüglich der Kinder *im Interesse der Kinder* treffen. Kinder und Jugendliche haben selbstverständlich ein Interesse daran, dass ihre Eltern sich weitgehend ungestört und in klarer Gewissheit ihrer Rolle und Verantwortung um sie kümmern dürfen und der Staat sich aus der Eltern-Kind-Beziehung heraushält. Die meisten Kinder haben Eltern, die sich gut und liebevoll um sie kümmern. Außerdem sind es *ihre* Eltern, unersetzlich und einmalig für sie. Allerdings haben Kinder auch ein besonderes Interesse daran, dass sie ihren Eltern nicht einfach ab der Geburt »auf Gedeih und Verderb« anvertraut und ausgeliefert sind; es muss ein aktives Kontroll-, Schutz- und Auffangnetz geben, damit Verletzungen ihrer elementaren Rechte und Bedürfnisse in ihren Familien durch Unterstützungsangebote und notfalls auch Schutzmaßnahmen verhindert werden.

Eine Ursache für die falsche Prioritätensetzung im Dreieck Kinder-Eltern-Staat liegt in der juristischen und rechtspolitischen Tradition, in der die Eltern im Mittelpunkt stehen und die Rechte ihrer Kinder als Individuen kaum zur Geltung kommen.[38] Die besondere Ausprägung des Familienrechts mit einem starken elterlichen Abwehrrecht im Recht der Bundesrepublik erklärt sich zu Teilen als Gegenreaktion auf die große staatliche Macht über Familien in der DDR.[39] Konservative Kräfte sprechen vom »Schutz der Familie«. Die ideologische Fixierung auf das elterliche Abwehrrecht ist auch deshalb verfehlt, weil Eltern in der Regel offen sind für Unterstützungs- und Beratungsangebote, um sich bei der Verbesserung der Situation ihres Kindes helfen zu lassen. Dies verweist auf das Elternrecht als *Leistungsrecht*, d.h. als Recht auf Leistungen wie z.B. Unterstützungs- und Beratungsangebote bei Erziehung und Betreuung der Kinder. Die meisten Eltern haben ein Interesse daran, mit der Verantwortung für ihr Kind nicht alleingelassen zu werden, insbesondere unter schwierigen persönlichen und sozialen Bedingungen oder bei drohender Überforderung. Aus kinderethischer Perspektive ist auch das elterliche Leistungsrecht, ebenso wie das elterliche Abwehrrecht, indirekt vor allem als ein Recht *im Interesse der Kinder und Jugendlichen* zu betrachten. Es ist insbesondere dann wichtig für Eltern und Kinder, wenn und sofern die Eltern durch unverschuldete Umstände überlastet und nicht mehr in der Lage sind, das Wohl des Kindes in einem hinreichenden Maß zu gewährleisten. Der Staat sollte dann mit Hilfen und Unterstützung für die Eltern einen Teil seiner Pflichten gegenüber (eventuell überforderten) Eltern erfüllen und seiner Mitverantwortung für das Wohl der Kinder Rechnung tragen.

Die gescheiterte Grundgesetznovellierung

Die Sorge der Unionsparteien CDU/CSU vor der Bedrohung des elterlichen Abwehrrechts war der Hauptgrund dafür, dass die Regierungskoalition, die unter Bundeskanzlerin Angela Merkel auf Bundesebene für die Corona-Politik der ersten Pandemiejahre verantwortlich war, einen jahrelangen zähen Streit mit der SPD über eine Stärkung der Kinderrechte im Grundgesetz führte.[40] Wir erinnern uns: Seit Jahren wird darüber diskutiert, ob und wie die Kinderrechte ins Grundgesetz aufgenommen werden können. Länder wie Norwegen und Belgien, Spanien, Irland, Österreich und Südafrika haben Kinderrechte bereits in ihre Verfassung aufgenommen.[41] 2017 hatte sich die Koalition aus CDU/CSU und SPD im Koalitionsvertrag darauf verständigt, die Kinderrechte im Grundgesetz zu verankern, um Kinder und Familien zu stärken. Der Gesetzesentwurf der Bundesregierung sah vor, den bereits oben zitierten Artikel 6 Abs. 2 GG um folgenden Absatz zu ergänzen: »Die verfassungsmäßigen Rechte der Kinder einschließlich ihres Rechts auf Entwicklung zu eigenverantwortlichen Persönlichkeiten sind zu achten und zu schützen. Das Wohl des Kindes ist angemessen zu berücksichtigen. Der verfassungsrechtliche Anspruch von Kindern auf rechtliches Gehör ist zu wahren. Die Erstverantwortung der Eltern bleibt unberührt.«[42] Dieses Ergebnis des Streits zwischen den Unionsparteien und der SPD war am Ende eine völlig unzulängliche Kompromissformel, die im besten Fall keinerlei Unterschied gemacht hätte – und im schlechtesten Fall eventuell die bereits durch die Rechtsprechung des Bundesverfassungsgerichts erreichte Stellung der Kinderrechte zurückgeschraubt hätte. Von den Rechten der Kinder und Jugendlichen aus der UN-KRK, von Deutschland immerhin bereits 1992 ratifiziert, wurde nahezu kein Recht explizit aufgenommen. Die Formulierung, dass die bereits bestehenden und anerkannten verfassungsmäßigen Rechte Minderjähriger zu achten sind, ist eine nichts aussagende Formulierung. Sie steht emblematisch für die rein konservierende Intention zumindest der Unionsparteien bei diesem Gesetzesvorhaben.

Gleiches gilt für die Formulierung, dass das Kindeswohl »angemessen zu berücksichtigen« sei. Jörg Maywald, Experte für Kinderrechte und Kinderschutz, hält diese Formulierung für belanglos. »Der Begriff ›angemessen‹ ist absolut nichtssagend.« Jedes Recht müsse angemessen umgesetzt werden. Das sei juristisch tatsächlich vernachlässigbar. Faktisch bedeute das, dass Kindern und Jugendlichen kein besonderes Gewicht zukomme. Maywald präferiert die Formulierung der UN-KRK in Art. 3 Abs. 1, dass bei allen Maßnahmen Kinder betreffend ihr Wohl ein *vorrangig* zu berücksichtigender Gesichtspunkt sei. Es bedeute nicht, dass Kinder immer Vorrang hätten, z.B. vor den Interessen älterer Menschen.[43]

Auch die Tatsache, dass die Kompromissformel zu den Rechten der Kinder an der Stelle im Grundgesetz eingefügt werden sollte, wo es um die jungen Menschen als Kinder ihrer Eltern geht und das Recht der *Eltern* stark gemacht wird, ist vielsagend. Kinder sollten zunächst einmal als Personen mit eigenen Rechten in den Blick genommen werden. Das müsste Grundlage und Ausgangspunkt sein und sich in einer eigenständigen Platzierung der Rechte von Kindern und Jugendlichen niederschlagen. Die Große Koalition konnte sich nicht auf eine tatsächliche Durchführung der von ihr geplanten Grundgesetznovellierung einigen. Letztendlich blieb alles beim Alten.

II. Die Corona-Politik und die Kinder und Jugendlichen

Einleitung

Die kritische Analyse der Corona-Politik konzentriert sich auf die Lebensbereiche, in denen die direkten und indirekten Auswirkungen der Corona-Maßnahmen für Kinder und Jugendliche besonders spürbar waren. Es geht dabei um die Auswirkungen der Corona-*Politik* und *nicht* um die Auswirkungen des Covid-19-*Virus* auf Kinder und Jugendliche. Vom Virus selbst ging für sie (unter Ausklammerung derjenigen mit spezifischen Vorerkrankungen) nach heutigen Kenntnissen keine signifikante gesundheitliche Gefahr aus. Gefahren, Belastungen und Schädigungen entstanden in erster Linie durch die zahlreichen negativen Auswirkungen wie etwa der Schließung von Kitas und Schulen.

Schon zu Beginn der Corona-Pandemie war auffällig, dass es kaum Kinder und Jugendliche mit schweren Verläufen gab, wenige Minderjährige in Kliniken behandelt werden mussten.[1] Dieses Bild wurde fortwährend durch wissenschaftliche Studien bestätigt: Kinder und Jugendliche steckten sich zwar nicht seltener mit dem Virus an als Erwachsene, wiesen aber im Fall einer Ansteckung keine oder nur milde Symptome auf.[2] Das Bild änderte sich über den gesamten Verlauf der Pandemie mit den verschiedenen Virusmutationen nicht wesentlich.[3] Am 10. Februar 2022, nach zwei Jahren Pandemie, meldete das Robert Koch-Institut bei einer Gesamtzahl von fast 120000 Corona-Todesfällen 47 Todesfälle in der Bevölkerungsgruppe der Menschen unter zwanzig Jahren – die sich mit den 18- und 19-Jährigen noch über die Gruppe der Minderjährigen hinaus erstreckt –, von denen mindestens 32 bekannte Vorerkrankungen gehabt hatten.[4] Die Gesamtbetrachtung der Zahlen belegt die geringe gesundheitliche Gefährlichkeit und Hospitalisierungsrate bei Kindern und Jugendlichen, was sich auch mit Berichten leitender Kinderärztinnen und -ärzte deckt.[5] Zur

Einordnung der Anzahl der Corona-Todesfälle unter Kindern und Jugendlichen und der Gefährlichkeit des Virus für diese verwiesen kinderärztliche Fachgesellschaften im April 2021 darauf, dass im Jahr 2019 neun Kinder und Jugendliche an der Grippe (Influenza) starben.[6] Die Fachgesellschaften stellten eine »weiterhin bestehende extreme Seltenheit eines schweren oder gar tödlichen Verlaufes von SARS-CoV-2 bei Kindern und Jugendlichen« fest.[7] Auch die als PIMS (Pediatric Inflammatory Multisystem Syndrome, deutsch Pädiatrisches Inflammatorisches Multisystemisches Syndrom) bezeichnete Erkrankung infolge einer Corona-Ansteckung bei Kindern und Jugendlichen kam in geringer Häufigkeit vor (ca. 730 Fälle bis Februar 2022) und wurde klinisch als ernst eingeschätzt, aber auch als gut behandelbar (keine bekannten Todesfälle).[8] Mit Blick auf »Long Covid« (oder »Post-COVID-Syndrom«) bestehen auch im Jahr 2023 noch viele Unklarheiten: die Daten- und Studienlage über Long-Covid-Symptome bei Kindern und Jugendlichen ist schlecht; es gibt eine große Anzahl unterschiedlicher Symptome, von Muskelschmerzen über Bauch- und Kopfweh und Durchfall bis hin zu Schlaflosigkeit und Konzentrationsmängeln und vielen mehr; diese zahlreichen unterschiedlichen Symptome bilden kein klar definiertes Erkrankungsbild; es ist noch unklar, ob und welche Symptome Folgen einer Covid-19-*Virus-Infektion* sind und welche eventuell gesundheitliche Folgen von pandemiebedingten *sozialen* Einschränkungen und Belastungen sind.[9] Es scheint so zu sein, dass Long Covid bei Kindern und Jugendlichen nach einer Ansteckung auftreten kann und dass wohl zumindest einige Symptome in kausalem Zusammenhang mit dem Virus stehen; aber auch, dass die gesundheitliche Gefährlichkeit für Kinder und Jugendliche insgesamt begrenzt war.[10]

In jedem Fall stellte der Schutz vor Long Covid zu *keinem* Zeitpunkt der Pandemie ein Motiv oder einen Grund dar, Schulen und Kitas zu schließen. Gleiches gilt auch für die Gefahren für Kinder und Jugendliche durch einen schweren direkten Erkrankungsverlauf nach der Ansteckung oder durch PIMS: weder waren diese Gefahren bzw. der Schutz der Kinder und Jugendlichen das handlungsleitende Motiv für Schließungen von Schulen und Kitas – dafür kamen diese Gefahren einfach zu selten vor –, noch wären sie aufgrund ihrer Geringfügigkeit ein guter Grund für solch einschneidende Maßnahmen zum Schutz dieser Altersgruppe gewesen. Wäre das Virus für alle Bevölkerungsgruppen so wenig gefährlich gewesen wie für Kinder und Jugendliche, hätte es die Corona-Pandemie, wie sie war und fast zwei Jahre die Politik und das Leben der Menschen prägte, mit all den Toten und Schwerkranken, überfüllten Intensivstationen und drastischen Schutzmaßnahmen wie Kontaktsperren und Schließungen nicht gegeben.

Die folgenden Analysen der Auswirkungen der Corona-Politik auf Kinder und Jugendliche können deren zahlreichen Facetten unmöglich gerecht werden und müssen leider eine Reihe von Aspekten und Personengruppen unberücksichtigt lassen: dazu gehören z.B. Kinder und Jugendliche mit chronischen Erkrankungen, solche in Heimen oder mit Behinderungen und obdachlose Kinder und Jugendliche.

1 Das Recht auf Beteiligung: ohne Gehör und Mitsprache in der Pandemie

Kinder und Jugendliche waren an Entscheidungen zur Corona-Politik nicht beteiligt, obwohl sie von ihnen besonders betroffen waren. Sie hatten daher wenig Grund, sich von der Politik wahrgenommen zu fühlen. Die JuCo-Studien (Jugend und Corona), die sich allerdings nicht auf Kinder und Jugendliche, sondern auf Menschen im Alter von 15 bis dreißig Jahren beziehen, zeigen auf, dass sich eine Mehrheit von ihnen noch weniger in politische Prozesse eingebunden fühlte als vor der Pandemie. Demnach fühlten sich junge Menschen während der Corona-Zeit nicht ausreichend gehört, und dieser Befund hat sich zwischen der ersten und der zweiten Erhebungswelle noch verschärft.[1] Jugendliche diskutierten gemeinsam mit Expertinnen und Experten die Ergebnisse dieser JuCo-Studien und forderten: »Wir können und wollen Dinge, die uns betreffen, mitentscheiden, auch wenn's schwer ist. Man muss uns nur fragen. Das steht uns zu. […] Selbst mitentscheiden zu können, beteiligt zu werden, auch in einer schwierigen Situation, verhindert Ohnmachtserfahrungen und macht psychisch stark.«[2]

Unter den acht wissenschaftlichen Beratern und Beraterinnen der Bundesregierung und der Ministerpräsidenten und -präsidentinnen der Länder bezüglich der Corona-Maßnahmen waren lange Zeit keine aus den Bereichen Kinder- und Jugendmedizin, Entwicklungspsychologie, Pädagogik, Bildung, Soziale Arbeit oder Kinder- und Jugendschutz.[3] Im sogenannten (kleinen) Corona-Kabinett war das Bundesfamilienministerium, das sich neben anderem auch die Vertretung der Kinder und Jugendlichen auf die Fahnen schreibt, genauso wenig vertreten wie das Bundesministerium für Bildung und Forschung, das auf Bundesebene auch als Sprecher für Kitas und Schulen auftrat.[4] In der Reihe der digitalen Corona-Bürgergespräche tauschte sich Angela Merkel im Februar 2021 mit Müttern und Vätern aus. Mit Kindern und Jugendlichen sprach sie in diesem Format nicht. Merkel griff allerdings den Vorschlag zu einem Corona-Familiengipfel auf und hielt diesen für denkbar.[5] Ähnlich äußerte sich Bayerns Ministerpräsident Markus Söder.[6] Zu einem solchen Gipfel kam es nie. Laut dem Bericht »Mehr als die Frage nach der Präsenz« vergingen fast zwei Jahre Corona-Schulpolitik, inklusive der langen Schließungen, bis sich im Februar 2022 die Kultusminister mit Vertretern der Schülerinnen und Schüler trafen.[7] Im November 2022 gestand der Deutsche Ethikrat, dass die Belastungen der jüngeren Generationen in der Öffentlichkeit – auch durch den Deutschen Ethikrat selbst – nicht ausreichend Beachtung erfahren hätten.[8]

Weil Kinder und Jugendliche in den Beratungs- und Entscheidungsprozessen nach dem, was bekannt ist, nicht angehört wurden, konnten sie den Entscheidungsträgerinnen und -trägern nicht mitteilen, welche Auswirkungen die Corona-Politik auf ihr Lernen, ihr soziales Leben und ihr gesamtes Wohlbefinden inklusive seelischer Gesundheit hatte. »Wir Schüler hingen da schon so lange in der Luft«,[9] so eine 17-jährige Schülerin im Mai 2021, Initiatorin einer Online-Petition mit der Forderung an die Politik, die Sorgen der Schülerinnen und Schüler ernst zu nehmen und Lösungen zu entwickeln. Studien zufolge traten Gefühle von Machtlosigkeit und Frustration als Folge auch von mangelnder Beteiligung auf.[10] Anstatt *mit* Kindern und Jugendlichen zu reden, wurde *über* sie geredet, und dies meist negativ: Kinder und Jugendliche als »Superspreader«, als Schülerinnen und Schüler, die Lerndefizite anhäufen, als waren es selbstgemachte Schulden, Jugendliche als Regelbrecher, Partygänger. Gerade in der Zeit der Pandemie, in der Verschwörungsideologien, Wissenschaftsfeindlichkeit und Demokratiefeindschaft stark zunahmen, wäre es wichtig gewesen, komplexe Sachverhalte zu erklären sowie die von den Corona-Maßnahmen stark betroffenen jungen Menschen anzusprechen und mitzunehmen. Stattdessen wiesen die Entscheidungsträger ein großes Maß an fehlender Achtung, Sprach- und Empathielosigkeit auf – Mängel, die jungen Menschen teilweise in der Pandemie und oft auch allgemein zum Vorwurf gemacht werden. Dieses obrigkeitsstaatliche Agieren trug sicherlich nicht dazu bei, Kinder und Jugendliche für die Verfahren und Institutionen der bundesrepublikanischen Demokratie oder für die Idee der Demokratie generell zu gewinnen. »Lost« – »verloren, ahnungslos, unsicher« – war das Jugendwort 2020, so beschrieben junge Menschen ihre Situation.[11]

Krisen sind keine Zeit breiter Diskussionen und Partizipation, sondern schneller Entscheidungen der Exekutive. Das kann die mangelnde Beteiligung der jungen Menschen aber nur begrenzt und nur für die ersten krisenhaften Wochen der Pandemie rechtfertigen. In der öffentlichen Debatte, die sich ab dem ersten Lockdown im Frühling 2020 immer wieder damit beschäftigte, wer und wessen Interessen in der Corona-Politik besonders zu beachten bzw. zu privilegieren seien, waren viele Gruppen, wie u. a. die Deutsche Fußball Liga (DFL), die Friseure oder Gastronomen, wesentlich wichtiger als die etwa 13,7 Millionen Kinder und Jugendlichen. Diese hatten weder starke Fürsprecherinnen und Fürsprecher noch eine eigene Stimme: »Was viele Jugendliche abfuckt, ist, dass man überhaupt nicht gehört wird, die *Tagesschau* spricht über Schüler, jedoch werden nur die Meinungen von Erwachsenen gezeigt, aber nicht von denjenigen, die es überhaupt betrifft [...].«[12] Kinder und Jugendliche hatten bereits vor der Pandemie keine starke Lobby, woran sich auch seitdem wenig geändert hat. Während beispielsweise der Verband der Automobilindustrie (VDA) Stand November 2023 19 neu (!) zu besetzende Stellen ausschreibt[13], hat die Monitoringstelle am Deutschen Institut für Menschenrechte, die für die kritische Begleitung der Umsetzung der UN-Kinderrechtskonvention auf die gesamte deutsche Gesetzgebung zuständig ist, sechs Beschäftigte.[14]

Die coronapolitischen Maßnahmen gegenüber Kindern und Jugendlichen wurden von Regierungen und Parlamenten beschlossen, bei deren Wahlen sie keine Stimme hatten (mit Ausnahme von 16- und 17-Jährigen bei Landtagswahlen in den Bundesländern Brandenburg, Bremen, Hamburg und Schleswig-Holstein). Die während der Corona-Pandemie in Deutschland lebenden Kinder und Jugendlichen hatten also mit wenigen Ausnahmen keine Stimme, um die Entscheider und Gesetzgeber bei Folgewahlen für die Corona-Politik zur Rechenschaft zu ziehen (abgesehen von denjenigen, die gerade noch vor einer Wahl volljährig wurden). Die für die Corona-Politik Verantwortlichen mussten sich vor den jungen Menschen nicht an den Wahlurnen verantworten. Und das wussten sie auch.

Die Beteiligung junger Menschen muss zu einem Schlüsselthema für die zukünftige gesellschaftliche und politische Agenda werden. Es lassen sich grob drei Ebenen unterscheiden, auf denen Beteiligung von Kindern und Jugendlichen möglich ist: erstens die persönlich-individuelle Ebene, auf der eine Entscheidung oder ein Verfahren ein bestimmtes Kind betrifft. Das kann die Wahl der Kleider beim morgendlichen Anziehen, die Gestaltung des Kinderzimmers, eine ärztliche Behandlung oder ein gerichtliches Sorgerechtsverfahren sein. Die Beteiligung des Kindes oder Jugendlichen, mit entsprechender Befragung und Anhörung, hat hier mindestens drei Gründe bzw. Funktionen: Erstens als Ausdruck der Achtung der Person mit eigenem Willen und eigenen Rechten; zweitens können Selbstachtung, Selbstvertrauen und die Fähigkeit der Kinder und Jugendlichen, für sich zu sprechen, gestärkt werden. Drittens werden mit Perspektive und Willen junger Menschen Aspekte bekannt, die bei Entscheidungen zu berücksichtigen sind, wenn es darum geht zu bestimmen, was in ihrem Interesse ist bzw. was ihrem Wohl konkret am besten entspricht. Der Wille eines Minderjährigen, der in einer Angelegenheit nicht als mündig und selbstbestimmungsfähig angesehen werden kann – und nur in diesem Fall muss sein Wohl notwendigerweise durch Eltern oder andere Dritte bestimmt und verwirklicht werden –, ist stets der individuellen Entwicklung des Kindes entsprechend zu berücksichtigen. Wenn der Kindeswille dem Kindeswohl widerspricht, z.B. wenn ein junges Kind sich gegen eine medizinisch notwendige Behandlung wehrt, dann kann es gerechtfertigt oder sogar geboten sein, den Kindeswillen – auf die schonendste Art und Weise – im Interesse des Kindes zu übergehen. Bei Verfahren des Familiengerichts, z.B. bei Sorgerechtsstreitigkeiten, haben die betroffenen Kinder und Jugendlichen schon jetzt zumindest das (grund)gesetzlich garantierte minimale Verfahrensrecht, angehört zu werden.[15] Auch die Formulierung des Art. 12 Abs. 1 der UN-KRK zielt auf staatliche Verfahren gegenüber bestimmten einzelnen Kindern ab: »Die Vertragsstaaten sichern dem Kind, das fähig ist, sich eine eigene Meinung zu bilden, das Recht zu, diese Meinung in allen das Kind berührenden Angelegenheiten frei zu äußern, und berücksichtigen die Meinung des Kindes angemessen und entsprechend seinem Alter und seiner Reife.«

Auf einer mittleren Ebene geht es um Beteiligung von Kindern und Jugendlichen in Gruppen wie z.B. der Familie, Klasse oder Vereinsmannschaft. Sie können an Entscheidungen darüber beteiligt werden, was es zum Abendessen gibt, wohin der nächste Klassenausflug geht oder wer die Mannschaftskapitänin ist.[16] Auf dieser Ebene sprechen neben den schon genannten Gründen vor allem noch die folgenden Gründe für Beteiligung: erstens werden Akzeptanz und Transparenz des Verfahrens und der Entscheidung erhöht; zweitens geht es um den wichtigen Aspekt des Erlernens von demokratischen Werten und Praktiken, die Erziehung zu demokratischen Bürgerinnen und Bürgern. Die jungen Menschen lernen, respektvoll zu diskutieren, Entscheidungen unter gleichberechtigtem Mitwirken aller zu treffen und zu respektieren sowie Verantwortung

zu übernehmen. Schon die Kita kann zur »Kinderstube der Demokratie« werden.[17] Ein gesetzlich garantiertes Recht auf Beteiligung in den verschiedenen Sphären wie Klassen, Schulen oder
Vereinen haben Kinder und Jugendliche kaum. Beteiligung als
ein Element der Erziehung findet in der Praxis in Kitas oder
Schulen gewöhnlich in vordefinierten und begrenzten Feldern
zu eher »weichen« Themen statt, z.B. in Form einer Abstimmung über den Schulausflug. Über »harte« Themen wie den
Lernstoff, die Auswahl der Lehrkräfte oder das Benotungssys-
tem dürfen Schülerinnen und Schüler z.B. in der Regel nicht
mitentscheiden – das ginge in Richtung einer tiefer greifenden
Demokratisierung der Schule.[18] Die Einführung eines Evaluati-
onssystems, in dem sie (anonym) ihr Feedback zu Lehrkräften,
Lernstoff, Unterricht und Atmosphäre geben dürfen, das dann
transparent kundgetan und besprochen wird, wäre aber ein
Schritt in Richtung mehr Beteiligung.

Auf der dritten und höchsten Ebene, die für die Kritik der
Corona-Politik im Mittelpunkt steht, geht es um die Beteiligung von Kindern und Jugendlichen an *politischen* Verfahren
und Entscheidungen. Hier kann nochmals unterschieden werden zwischen Beteiligung an Entscheidungen, die nur oder vor
allem Kinder und Jugendliche betreffen, z.B. auf kommunaler
Ebene die Planung eines Spielplatzes oder auf Landesebene die
Schulpolitik, und Entscheidungen, die Minderjährige als Teil
der Gesamtbevölkerung betreffen, z.B. die Wirtschafts- und
Finanzpolitik des Bundes. Die politischen Entscheidungen
zur Bekämpfung der Pandemie fallen teils, wie die Schulschließungen, in die erste Kategorie, teils, wie die Finanzierung von
Maßnahmen und Pandemie-Folgekosten, eher in die zweite
Kategorie. Das absolute Minimum gebotener Beteiligung wäre
es gewesen und ist es generell, Kinder und Jugendliche und
ihre Vertreterinnen und Vertreter da anzuhören, wo sie von
Entscheidungen besonders betroffen sind. Jungen Menschen
im öffentlichen politischen Diskurs mehr Raum und Stimme

zu geben wäre auch Aufgabe der Medien, Journalistinnen und Journalisten sowie von Verbänden, Wissenschaftlerinnen und Wissenschaftlern und anderen. Das Wichtigste in Demokratien aber sind die Wahlen, von denen Minderjährige auf Bundes- und auf Landesebene mit den wenigen Ausnahmen für die 16- und 17-Jährigen ausgeschlossen sind.

Wahlen sind elementarer Ausdruck und Verkörperung von Demokratie als Herrschaft des Volkes über sich selbst, von Selbstbestimmung, Freiheit und Gleichheit. Dass Regierung und gesetzgebende Parlamente von den Menschen, die ihnen unterstehen und Folge leisten müssen, in freien, gleichen und fairen Wahlen gewählt werden und nach einer Wahlperiode wieder abgewählt werden können, ist zentral für die demokratische Legitimität. Aus meiner kinderethischen Perspektive fehlt der staatlichen Machtausübung gegenüber nicht-wahlberechtigten Kindern und Jugendlichen diese Legitimität.[19] Die Eingriffe in die Rechte der Kinder und Jugendlichen können gerade *nicht* so gerechtfertigt werden, wie es der Philosoph Rainer Forst mit Blick auf die Beschränkungen durch die Corona-Maßnahmen reklamiert: als »*Ausdruck* unserer *Autonomie*« [Hervorhebungen im Original], da wir alle »Gesetzgeber:innen« seien, die sich im Sinne der demokratischen Selbstbestimmung selbst Gesetze (und Einschränkungen) auferlegen.[20] Der Jurist Axel Adrian fragt, warum sich Menschen unter 18 Jahren in Deutschland überhaupt an Gesetze gebunden fühlen sollten, die nicht auch durch sie selbst über Wahlen demokratisch legitimiert wurden.[21] Die mangelnde Stimme von Kindern und Jugendlichen und die dadurch sich ergebende mangelnde Vertretung bzw. Repräsentativität von Minderjährigen in den Parlamenten wird durch die demografische Entwicklung der deutschen Gesellschaft verschärft. Die Bevölkerung altert, immer weniger Menschen leben in Haushalten gemeinsam mit Kindern.[22] Entsprechend einem langjährigen demografischen Trend war der Anteil junger Erwachsener unter den Wahlberechtigten der

Bundestagswahl 2021 besonders klein: Nur 14 % waren jünger als dreißig Jahre. Der Anteil älterer Menschen hingegen, zu deren Schutz die Corona-Maßnahmen vor allem dienten, war besonders groß: 22 % der rund 62 Millionen Wahlberechtigten waren siebzig Jahre alt oder älter, 36 % im fortgeschrittenen Alter zwischen fünfzig und 69 Jahren, insgesamt also 58 % der Wahlberechtigten älter als fünfzig Jahre.[23] Das Alter spielt bei Wahlen eine prägende Rolle: Unter den 18- bis 24-Jährigen erhielten Grüne (23 %) und FDP (21 %) bei der Bundestagswahl 2021 mit Abstand die größten Stimmenanteile, weit vor SPD (15 %) und CDU (10 %).[24]

Der Ausschluss von Jugendlichen vom Wahlrecht steht im Widerspruch zum selbstständigen Agieren vieler junger Menschen im sozialen, kulturellen und wirtschaftlichen Bereich. Die Shell Jugendstudien etwa zeigen, dass das Interesse an Politik und die Bereitschaft zum gesellschaftlichen Engagement seit 2002 in allen Altersgruppen gestiegen sind.[25] Der Neurologe Dieter Braus verweist auf das »Innovationspotenzial« junger Menschen, das biologisch unterschiedliche Zeitgefühl von jungen und älteren Menschen und die enorme Auswirkung auf politische Entscheidungen. Die Babyboomer, die derzeit in Deutschland das politische Geschehen dominierten, seien zu stark auf das »Hier und Jetzt« konzentriert. Der demografische Wandel habe dazu geführt, dass die über 45-Jährigen die überwältigende Mehrheit unserer Gesellschaft ausmache. Braus warnt: »Damit schrumpft unser Innovationspotenzial. Länder wie Indien stehen in dieser Hinsicht viel besser da.«[26] Volksvertreterinnen und -vertreter in Demokratien tun sich, auf der Suche nach Stimmen und kurzfristigen Erfolgen, notorisch schwer damit, die mittel- und langfristige Zukunft konsequent im Blick zu behalten. Gleichzeitig verbraucht das herrschende Wirtschaftssystem Ressourcen und verschiebt Kosten auf die Zukunft. Angesichts dessen wäre es besonders wichtig, auch Kindern und Jugendlichen Mitsprache einzuräumen. Sie werden in Zukunft mit den Entscheidungen von heute leben.

Es kommen verschiedene Modelle und Kombinationen von Modellen in Betracht, um Minderjährigen bei Wahlen eine Stimme und Repräsentativität in Parlamenten zu verleihen: a) eine Absenkung des Mindestalters auf 16 Jahre, wie in einigen deutschen Bundesländern bei Landtagswahlen und bei Kommunalwahlen schon umgesetzt, oder auf 14 Jahre; b) ein Wahlrecht für Kinder ab der Geburt (dazu wird manchmal vorgeschlagen, dass sich Kinder selbstständig in einer Wählerliste registrieren lassen müssen, womit sie auch Interesse und grundsätzliche Kompetenz nachweisen, um effektiv wählen zu dürfen); c) das Recht, durch Bestehen eines individuellen Tests das Wahlrecht zu erwerben; d) das elterliche Stellvertreterwahlrecht, bei dem Kinder ab der Geburt eine Stimme haben, die stellvertretend von den Eltern wahrgenommen wird.[27] Über die Reform des Wahlrechts zugunsten von Minderjährigen generell und die Vor- und Nachteile einzelner Modelle gibt es seit Jahrzehnten eine rege interdisziplinäre Fachdiskussion[28], die teilweise von der breiteren Öffentlichkeit aufgegriffen wurde.[29]

Ich persönlich plädiere für folgendes Modell: Eltern von Kindern ab der Geburt bis zum Alter von 14 Jahren erhalten pro Kind eine zusätzliche Stimme, um diese als Stellvertreterinnen und Stellvertreter der Interessen ihres Kindes, als die sie auch in anderen Lebensbereichen regelmäßig agieren, treuhänderisch abzugeben. Die Eltern werden verpflichtet, bei der Entscheidung über die Ausübung der ihnen in Stellvertretung anvertrauten zusätzlichen Stimme ihr Kind entsprechend seiner Reife einzubeziehen und seine Präferenzen entsprechend zu berücksichtigen. Im Alter zwischen 14 und 16 Jahren erhält das jugendliche Kind ein Vetorecht bei der elterlichen Ausübung der zusätzlichen stellvertretenden Wahlstimme, und ab 16 Jahren erhalten Jugendliche das volle Wahlrecht. Um einen Anreiz dafür zu setzen, dass die Eltern die stellvertretende Stimme ihrer

Kinder auch wirklich abgeben, sollte dies zur Pflicht der Eltern gemacht werden und bei Unterlassung mit einer symbolischen Geldstrafe von 15 Euro belegt werden.[30]

Natürlich ist jedes Modell, um Kindern eine Stimme zu geben, mit organisatorischem Aufwand und »moralischen Kosten« verbunden, weil z.B. dann Erziehungsberechtigte, ihrer Stellvertreterfunktion geschuldet, mehr als eine Stimme haben und damit mehr als andere Wählerinnen und Wähler. Zu den grundsätzlichen Herausforderungen der Beteiligung von Kindern und Jugendlichen zählt auch, dass diese nicht immer oder nur eingeschränkt in der Lage sind, ihre Interessen kompetent zu erkennen und zu artikulieren, oder dass ihre Perspektiven und Interessen von Stellvertreterinnen oder Fürsprechern falsch oder verzerrt interpretiert werden.[31] Auch können sie in politische Streitereien verwickelt oder manipuliert werden. Diese Schwierigkeiten und Herausforderungen sind jedoch auch für Beteiligungsformen anderer Bevölkerungsgruppen und teilweise generell für Demokratie typisch und dürfen keine Ausrede dafür sein, Kinder und Jugendliche nicht zu beteiligen. Die Nachteile und Kosten sind insgesamt für alle zumutbar und fallen weniger ins Gewicht als der Ausschluss der Minderjährigen vom demokratischen Kernrecht des Wählens. Eine Reform ist dringend geboten.

Solange eine solche grundlegende Reform des Wahlrechts aussteht, sollte kompensatorisch für den Ausschluss der Kinder und Jugendlichen eine Reihe von Maßnahmen und Schritten auf verschiedenen politischen Ebenen ergriffen werden, um den Perspektiven und Interessen der Kinder und Jugendlichen mehr Raum und Gewicht zu geben, z.B. durch die Einsetzung oder Stärkung von Ombudspersonen für Kinderrechte, von Kinder- und Jugendbeauftragten oder von Beschwerdestellen, an die sich Kinder und Jugendliche wenden können;[32] die Bildung eines Zukunftsrates, der sich für die Interessen von Jüngeren und zukünftigen Generationen einsetzt, wie von dem

Politikwissenschaftler und Philosophen Jörg Tremmel vorgeschlagen.[33] Wichtig wäre die Schaffung eines Ministeriums auf
Bundesebene und in jedem Bundesland, das *allein* den Kindern
und Jugendlichen gewidmet ist. Außerdem sollte jedes andere
Ministerium auf Bundes- und Landesebene eine eigenständige
Abteilung allein für die Rechte und Belange der Kinder einrich-
ten, die bei allen Initiativen zu Verwaltungsakten oder Gesetzen
des eigenen Hauses effektive Mitsprache hat und Stellung nehmen muss. Kinder sollten in Beratungen und Verfahren zu Gesetzen, die sie direkt betreffen, öffentlich oder nichtöffentlich
beteiligt werden, u. a. durch Anhörung, wobei sie von Fachleu-
ten oder Verfahrensbeiständen unterstützt werden sollten. Der
Gesetzgeber sollte während des Gesetzgebungsverfahrens jedes
Gesetz systematisch auf seine Auswirkungen auf Interessen und
Rechte der Kinder und Jugendlichen prüfen und die Ergebnisse
in der Gesetzesbegründung darlegen und einordnen.

In möglichen zukünftigen der Corona-Pandemie vergleichbaren Situationen müssen Kinder und Jugendliche an Verfahren zu Entscheidungen, die sie betreffen, beteiligt werden. Dazu
gibt es Wege, die auch in Krisen praktikabel sind, wie die Anhörung einzelner Kinder und Jugendlicher, von Expertinnen
und Vertretern einschlägiger Organisationen oder die Hinzu-
ziehung entsprechender Ministerien, Abteilungen und Behörden usw.

2 Das Recht auf Schutz vor Kindeswohlgefährdung: erhöhte Gefährdung und weniger Schutz

Zum Zeitpunkt des ersten Lockdowns im Frühjahr 2020 waren die hohen Zahlen an Kindeswohlgefährdungen und steigende Trends aus den Vorjahren bekannt: 55 500 festgestellte Kindeswohlgefährdungen und zusätzliche 59 100 Fälle mit festgestelltem Hilfs- und Unterstützungsbedarf im Jahr 2019.[1] Man wusste auch, dass die Kindeswohlgefährdungen, ähnlich wie Straftaten gegen Kinder, größtenteils innerhalb der Familien stattfinden, worauf z.B. ein Großteil der 49 500 Inobhutnahmen von besonders gefährdeten Kindern im Jahr 2019 hinweist.[2] Fachleute warnten frühzeitig.[3] Bereits am 29. März 2020 unterschrieben mehr als 130 Hochschullehrerinnen und -lehrer aus den Fächern Soziale Arbeit und Pädagogik, die sich wissenschaftlich mit Kinderschutz beschäftigen, einen »Appell aus der Wissenschaft: Mehr Kinderschutz in der Corona-Pandemie«,[4] dem es an Deutlichkeit nicht fehlte. Das Papier beschreibt frühzeitig die gravierenden Folgen der Pandemie-Maßnahmen für die Arbeit von Jugendämtern, ambulanten Diensten, Hotlines oder Kinderheimen: »In vielen Jugendämtern werden nur noch akute Gefährdungsmeldungen bearbeitet. Gespräche mit den Kindern und ihren Eltern finden am Telefon oder gar nicht mehr statt, ein Teil der ambulanten und stationären Hilfen ist eingestellt.«[5] Es wird deutlich, wie der Lockdown den Schutz gefährdeter Kinder und Jugendlicher auf verhängnisvolle Weise von zwei Seiten her traf: durch das Einschließen der Kinder in ihren Familien sowie das Herunterfahren der Kinderschutzarbeit der zuständigen Stellen. Der Vertreter eines Jugendamts in Hessen wird mit den Worten zitiert: »Sorgen mache ich mir vor allem um die Familien, die ohnehin versuchen, zu uns so wenig Kontakt wie möglich zu haben. Für manche stellt das Virus – neben der ehrlichen Sorge, die ich niemandem absprechen will – schon fast eine willkommene Ausrede dar, um Termine nicht wahrzunehmen und eben auch keine Hausbesuche zulassen zu wollen. Die Kinder bekommt dadurch keiner zu Gesicht […]«. »Wir sehen keinen Grund«, so die Unterzeichnenden weiter, »ambulante Hilfen für Familien […] unter pauschalem Verweis auf die Gefährdung der Allgemeinbevölkerung einzustellen. Auch andere Berufszweige arbeiten weiter, und aus Sicht der gefährdeten Kinder sind Jugendämter und Erziehungshilfen nicht weniger systemrelevant als der Gesundheitsbereich.«[6]

Kindeswohlgefährdungen und Straftaten gegen Kinder

Im ersten Corona-Jahr 2020 stellten die Jugendämter in Deutschland bei fast 60 600 Kindern und Jugendlichen eine Kindeswohlgefährdung fest. Das waren rund 5000 Fälle oder 9 % mehr als 2019. Die Kindeswohlgefährdungen erreichten somit im Corona-Jahr 2020 den höchsten Stand seit Einführung der Statistik im Jahr 2012.[7] Ein Grund für die Zunahme könnte nach Auskunft des Statistischen Bundesamtes in den Auswirkungen der Corona-Politik (Schul- und Kitaschließungen im Lockdown, Kontaktbeschränkungen etc.) gesehen werden, wobei zusätzlich von einer Dunkelziffer unentdeckter Fälle auszugehen ist.[8] Die 60 600 Kindeswohlgefährdungen beruhten auf Anhaltspunkten für Vernachlässigung (58 %), psychische Misshandlungen (34 %), körperliche Misshandlungen (26 %) und sexuelle Gewalt (5 %), wobei Mehrfachnennungen möglich waren. Insgesamt gingen die Jugendämter im Jahr 2020 rund 194 500 mal dem Verdacht auf Kindeswohlgefährdungen nach, der in 31 % der Fälle bestätigt wurde – den bereits genannten 60 600 Fällen – und in 34 % der Fälle zwar nicht bestätigt wurde, aber zur Feststellung von Hilfebedarf führte.[9] Im Vergleich zu April und Mai 2019 gingen in den Monaten April und Mai 2020 in klarer Relation zur Schließung von Schulen und Kitas die

Hinweise auf mögliche Kindeswohlgefährdungen stark zurück, die Hinweise aus Schulen um ca. 50 % und die Hinweise aus Kitas um ca. 33 %,[10] Zahlen, die eine hohe Dunkelziffer unentdeckter Fälle vermuten lassen.

Was polizeilich erfasste *Straftaten* gegen Kinder für 2020 angeht, so berichtet die Polizeikriminalstatistik von einer hohen Zahl von 152 Kindern und Jugendlichen, die gewaltsam zu Tode gekommen sind, 134 Tötungsversuchen, 4918 Fällen von Misshandlungen schutzbefohlener Kinder und Jugendlicher (10 % mehr als im Vergleich zum Vorjahr 2019) und 14 500 Fällen von Kindesmissbrauch (6,8 % mehr im Vergleich zum Vorjahr). Da es sich hierbei nur um die der Polizei bekannten Taten handelt, schreibt das Bundeskriminalamt trocken: »Das Dunkelfeld, also der Anteil an Straftaten, von denen die Polizei keine Kenntnis erhält, ist um ein Vielfaches größer.«[11] Ein Zusammenhang zwischen dem Anstieg der Taten im Vergleich zum Vorjahr und den Corona-Maßnahmen lässt sich nicht sicher nachweisen. Ein erhöhtes Gefährdungspotenzial und größere Schwierigkeiten für Kinder und Jugendliche, auf ihre Situation aufmerksam zu machen, nannte BKA-Präsident Holger Münch 2020 plausibel.[12]

Im zweiten Corona-Jahr 2021 verharrten die Kindeswohlgefährdungen mit einem leichten Rückgang von 600 Fällen (1 %) auf hohem Niveau.[13] Die Jugendämter stellten bei 59 900 Kindern und Jugendlichen eine Kindeswohlgefährdung durch Vernachlässigung oder psychische, körperliche bzw. sexuelle Gewalt fest. Keine Kindeswohlgefährdung, aber einen Hilfebedarf stellten die Ämter in 67 700 Fällen fest, ein Anstieg um 1100 Fälle (plus 2 %). Was die für 2021 von der polizeilichen Kriminalstatistik erfassten Straftaten gegen Minderjährige betrifft, so gab es einen deutlichen Anstieg von Kindesmissbrauch auf 15 500 Fälle (plus 6,3 %). 145 Kinder kamen gewaltsam zu Tode (minus 4,6 %).[14]

Die genannten Zahlen an Kindeswohlgefährdungen und

Straftaten gegen Kinder und Jugendliche für die Jahre 2019, 2020 und 2021 geben nur einen groben Einblick in die Entwicklungen. Schlussfolgerungen in Bezug auf kausale Zusammenhänge mit einzelnen Corona-Maßnahmen lassen sich kaum ziehen, u.a. weil das amtlich nicht erfasste Dunkelfeld sehr groß ist. Zur Einschätzung der polizeilich erfassten Straftaten gegen Kinder und Jugendliche schreibt die Bundesregierung: »Das Dunkelfeld ist weitaus größer. Es ist davon auszugehen, dass etwa ein bis zwei Schüler oder Schülerinnen in jeder Schulklasse von sexueller Gewalt betroffen waren beziehungsweise sind.«[15]

Wenig Bewusstsein für die Gefährdungslage

Die Grundsituation der Gefährdung vieler Kinder und Jugendlicher in ihrem familiären Umfeld war dank der Zahlen aus den Vorjahren schon zum Anfangszeitpunkt der Pandemie bekannt. Sie hätte spätestens nach den ersten Wochen der unvorbereiteten Krisenmaßnahmen ins Bewusstsein dringen müssen. Kaum ein Politiker und auch nur wenige Stimmen der Öffentlichkeit konnten oder wollten sich anscheinend vorstellen, was es für viele Betroffene an Leid und Gefahr bedeutete, in ihr engstes familiäres Umfeld eingesperrt zu werden. Ein gewachsenes Bewusstsein für die Gefährdungslage vieler Kinder und Jugendlicher zeigte sich auch nicht ab Mitte Dezember 2020, als man erneut Schulen und Kitas schloss und den Radius wieder weitgehend auf die engste familiäre Sphäre beschränkte. Der dieses Mal unbefristete Lockdown zog sich für viele über Monate hin und ging immer wieder fließend in Schulferien über.

Die Gefährdungslage bestimmter Kinder und Jugendlicher bzw. ihre Schutzbedürftigkeit spielten keine erkennbare politische Rolle, als die Ministerpräsidentinnen und -präsidenten sowie das Bundeskanzleramt die Schließung von Kitas und Schulen planten und beschlossen. Es gab auf Seiten der politischen Entscheidungsträgerinnen und -träger keine systematischen Versuche, durch besondere und gezielte Tätigkeiten, Angebote und Abfederungsmaßnahmen innerhalb ihrer Familien gefährdete Kinder zu schützen. Die kommunal agierenden Kinder- und Jugendämter, deren Leistungsfähigkeit unter den Lockdowns und Kontaktsperren litt, mussten zusehen, wie sie mit den Folgen der Lockdown-Maßnahmen, dem gestiegenen Hilfebedarf und den neuen sozialen Gefährdungsumständen umgehen konnten.[16]

Die Vergabe von Plätzen zur Notbetreuung in Kitas und Schulen im ersten, aber auch im zweiten Lockdown orientierte sich in den Bundesländern in der Praxis vor allem an der Systemrelevanz der Berufe der Eltern. Es gab kein systematisches und politisch beauftragtes Monitoring von aufschlussreichen Daten zur Lage der (gefährdeten) Kinder und Jugendlichen. Ein klarer politischer Wille auf Landes- oder Bundesebene, dem Schutz der jungen Menschen während des zweiten, lang andauernden Lockdowns das angemessene Gewicht zu geben und der verschärften Gefahrenlage systematisch nachzugehen, z. B. eben durch gezieltes Monitoring oder eng abgestimmtes gemeinsames Handeln verschiedener Einrichtungen wie Schulen und Jugendämtern, war kaum zu erkennen.

Natürlich war es nicht der beabsichtigte Zweck der Schließungen von Schulen und anderen Einrichtungen, die Gefährdungslage der Minderjährigen in ihren Familien zu erhöhen. Aber all dies wurde mit einer Mischung aus fehlendem Problem- und Verantwortungsbewusstsein, Gleichgültigkeit, Passivität und selbstgefälligem Schweigen in Kauf genommen. Kinder und Jugendliche wurden ihrem Schicksal überlassen. Dabei kommt erschwerend hinzu, dass Kindeswohlgefährdungen nicht einfach darin bestehen, dass ein Kind nicht so ganz glücklich ist. Die persönliche Lage von Kindern und Jugendlichen in ihren Familien ist oft schon dramatisch, wenn eine Kindeswohlgefährdung festgestellt wird. Selbstverständlich ist es zunächst einmal die Verantwortung der Erziehungsberechtigten, für das Kindeswohl in der Familie zu sorgen. Die Verantwortung und »Schuld« für Kindeswohlgefährdungen und Gewalt in Familien bei den Eltern zu sehen mag in vielen Fällen ganz oder teilweise gerechtfertigt sein. Es hilft den betroffenen Kindern und Jugendlichen aber nicht weiter. Zunächst einmal muss anerkannt werden, dass das Wohl nicht weniger Kinder und Jugendlicher in ihren Familien prekär oder sogar gefährdet ist, danach müssen entschlossen die richtigen gesellschaftlichen Konsequenzen gezogen werden. Ist das politisch möglich – geschweige denn beabsichtigt?

Die Gründe für das geringe politische Gewicht und die unzureichende Schlagkraft des Kinder- und Jugendschutzes während der Pandemie liegen nicht nur in den Pandemie-Bedingungen, nicht im mangelnden Einsatz des oft hochengagierten Personals. Sie haben mit grundsätzlichen Faktoren und Strukturen zu tun: Viele Einrichtungen und Behörden des Kinder- und Jugendschutzes sind laut einer Studie zur beruflichen Realität der Jugendämter, die 2018 und damit kurz vor Beginn der Pandemie erschien, unterfinanziert und haben zu wenig Personal.[17] Essenzielle Bedingungen für eine professionelle sozialpädagogische Arbeit wie Zeit, Personal, gute Räumlichkeiten und Ausstattung, Kenntnisse und Ausbildung, Fachaufsicht u.a. seien nicht ausreichend vorhanden. Mehr als 30 % der an der Studie teilnehmenden Beschäftigten stimmten der Aussage, dass sie immer bedarfsgerechte Hilfsmaßnahmen anbieten können, weder voll noch eingeschränkt zu. Die meisten Beschäftigten müssten weit mehr Fälle (fünfzig bis hundert) betreuen als die empfohlenen 35 pro Vollzeitkraft. Die Autorinnen deuten an, dass man zu der ungefähren Schlussfolgerung kommen könnte: ginge es konsequent nach der empfohlenen Fallzahlbegrenzung von 35, so würden rund 16 000 Vollzeitstellen fehlen. Die Jugendämter unterstünden einer Budgetierung durch die Kommunen, die den Großteil (78 %) der Finanzierung aufbringen, was zu Spardruck führe und sich nicht an den tatsächlichen Bedarfen gefährdeter Kinder und Jugendlicher orientiere. Der Vorstandsvorsitzende der Deutschen Kinderhilfe, Rainer Becker, kritisiert die Einschränkungen durch das Budgetierungsmodell: »Budgetierung bedeutet aber, dass auf ein Jahr im Voraus oder zwei Jahre im Voraus die Gefährdung von Kindern prognostiziert werden soll, wie soll man eine Gefährdung prognostizieren, die von etlichen Faktoren abhängig ist? Das kann so nicht funktionieren, und das funktioniert so nicht länger.«[18]

Für die Gefährdungen des Wohls der Kinder und Jugendlichen in ihren Familien und ihr Leiden gibt es in Politik und Öffentlichkeit zu wenig Bewusstsein. Ein Grund könnte der Mangel an medienwirksamen Bildern sein; weitere Gründe könnten die fehlende Vertretung auf Bundesebene sein, z.B. durch eine Bundesbeauftragte oder einen -beauftragten für Kinder- und Jugendschutz, sowie die überwiegend kommunalen Zuständigkeiten, die es erschweren, dass das Thema in der bundesweiten Öffentlichkeit wahrgenommen und diskutiert wird. Letztlich fehlt es all jenen Kindern und Jugendlichen, die zu den sozial und politisch Schwächsten gehören, an einflussreichen Stimmen, Fürsprechern oder einer Lobby in Politik und Gesellschaft – sieht man einmal von einzelnen Kinderschutzorganisationen ab. Es gibt in Deutschland eine lange Tradition von Vernachlässigung, Gewalt und Missbrauch gegenüber Kindern und Jugendlichen in der Familie und eine ebenfalls lange Tradition eines nur sehr zögerlichen Hinschauens und Vorgehens. Was mit Kindern und Jugendlichen geschieht, wurde leider zu oft als reine »Privatsache« (der Eltern) bzw. als »Familienangelegenheit« angesehen. Ein wichtiger Hintergrund ist das Grundgesetz, das nicht den Schutz der Minderjährigen als oberste Priorität formuliert, sondern den Schutz vor Kindeswohlgefährdungen auf eine Stufe mit und damit eigentlich in direkten Gegensatz zum elterlichen Abwehrrecht stellt.

Kinder und Jugendliche haben aus kinderethischer Sicht ein Recht darauf, dass der Staat keine Maßnahmen durchführt, die ihr Wohl, Leib und Leben gefährden; sie haben ein Recht darauf, dass der Staat sie vor Gefährdungen schützt. Mit den Corona-Maßnahmen hat der Staat sehenden Auges die Gefahrenlage für Kinder und Jugendliche massiv erhöht. Gleichzeitig hat er nicht ausreichend systematisch, gezielt und entschieden agiert, um junge Menschen in der von ihm selbst herbeigeführten erhöhten Gefährdungslage zu schützen. Auf diese Weise hat der Staat gefährdete Kinder und Jugendliche gleich doppelt im Stich gelassen und seine Aufgabe als Beschützer der Kinder (Wächteramt) konterkariert.

FORDERUNGEN

In Zukunft muss Kinder- und Jugendschutz zu den höchsten Prioritäten zählen, ob in Krisensituationen oder zu »normalen« Zeiten. Kinder- und Jugendschutz ist selbst permanent Krisenprävention und -management: Schutz junger Menschen – angefangen im Säuglingsalter – vor schwerwiegenden Gefahren für Leben, Leib, Seele und Entwicklung. Kinder und Jugendliche müssen ein grundgesetzliches Recht auf Schutz ihres Wohls vor Gefährdungen erhalten mit einer entsprechenden Pflicht des Staates zum proaktivem Schutz. Das Elternrecht darf nicht so verstanden und ausgelegt werden, dass es dem Kinder- und Jugendschutz schwere rechtliche Hürden in den Weg legt, auch nicht in der Prävention. Der Kinder- und Jugendschutz muss noch aktiver und mehr im Sinne eines echten Wächters praktiziert werden, der proaktiv und systematisch gefährdete Kinder identifiziert. Dazu kann ein Risiko-Screening dienen, um möglichst frühzeitig Gefährdungslagen und hilfebedürftige Kinder und Jugendliche und Familien zu erkennen und zu unterstützen; wenn notwendig auch durch stärkere Vernetzung von Daten aus Behörden und in Verbindung mit Einschränkungen des

Schutzes der Daten der Eltern und ihrer Kinder. Der Kinder- und Jugendschutz muss finanziell, personell und digital besser ausgestattet werden, orientiert am tatsächlichen Bedarf und den entsprechenden Rechten jedes einzelnen betroffenen Kindes bzw. Jugendlichen. Der Kinder- und Jugendschutz sollte noch systematischer mit anderen für Minderjährige wichtigen Orten, Einrichtungen und Personen wie Schulen, Kitas, Sportvereinen und Kinderärztinnen und -ärzten vernetzt werden. Die Funktion von Kitas und Schulen für den Kindeswohlschutz und als Schutzraum vor Gefährdungen muss anerkannt und gestärkt und Kindern und Jugendlichen in jedem Fall ein sicherer und betreuter Aufenthaltsort angeboten werden. Junge Menschen sollten verstärkt durch Aufklärungs- und Informationskampagnen, ob an Schulen oder auch in digitalen Medien und Netzwerken, über ihre Rechte sowie Unterstützungsangebote und Anlaufstellen informiert werden.

Was die polizeiliche Prävention und Verfolgung von Straftaten an Kindern angeht, so forderte Johannes-Wilhelm Rörig, Unabhängiger Beauftragter für Fragen des sexuellen Kindesmissbrauchs (UBSKM), schon im Mai 2021: »Die Gefahrenabwehr muss dahin, wo die Kinder und Jugendlichen sind! Dies betrifft immer mehr auch die Sozialen Netzwerke und Online-Spiele. Zudem brauchen wir Kompetenzbündelungen bei den Staatsanwaltschaften, um Ermittlungen gezielter zu koordinieren und Verfahren zu beschleunigen. Vor allem brauchen wir eine massive Personalaufstockung bei Polizei und Justiz. Ermittlungen dürfen nicht daran scheitern, dass Durchsuchungsbeschlüsse nicht vollstreckt und Datenträger nicht ausgewertet werden oder tausende Akten bundesweit auf Halde liegen, weil es keine Kapazitäten für ihre Bearbeitung gibt. Hier ist ein Kipppunkt erreicht – wir müssen verhindern, dass das System kollabiert!«[19]

3 Das Recht auf Bildung: mit und ohne Bildung durch die Pandemie

Die meisten der rund 13,75 Millionen Kinder und Jugendlichen in Deutschland – ca. 8,4 Millionen besuchten allgemeinbildende Schulen – waren bei Ausbruch der Pandemie von Kita- und Schulschließungen betroffen. Grundschulen blieben bis Mai 2021 an 64 Unterrichtstagen ganz, an weiteren 108 Tagen teilweise, weiterführende Schulen an etwa 83 Tagen ganz, an 100 Tagen teilweise geschlossen.[1] Zwischen Pandemiebeginn und Sommer 2021 waren das rund 45 % der eigentlichen Schultage, wobei Schülerinnen und Schüler im Alter zwischen elf und 16 Jahren am stärksten betroffen waren.[2] Am 13. März 2020 entschieden die Bundesländer, die Schulen von Mitte März bis mindestens zum Ende der Osterferien am 20. April 2020 zu schließen.[3] Nach und nach wurde eine Notbetreuung für Kinder von Eltern mit systemrelevanten Berufen angeboten. Mühsam wurde versucht, Distanzunterricht – gestützt auf digitale Techniken und Plattformen – zu organisieren, wobei sich aufgrund struktureller Mängel (an Kompetenzen, Serviceunterstützung, Ausstattung mit Endgeräten) Schwierigkeiten zeigten. Am 20. April 2020 öffneten einige Bundesländer die Schulen wieder, vorerst nur für die Abiturjahrgänge. Im Laufe des Mais 2020 hielt vermehrt Präsenzunterricht Einzug, wenn auch teilweise eingeschränkt, z.B. als Wechselunterricht, rhythmisch wechselnder Präsenz- und Distanzunterricht, oft für kleinere Gruppen. Als im November 2020 die Corona-Fallzahlen wieder hoch waren, stellten einige Schulen auf Wechselunterricht um. Die Weihnachtsferien wurden weitgehend vorgezogen und begannen teilweise schon am 14. Dezember 2020.[4] Nach den Ferien blieben die Schulen auf unbestimmte Zeit geschlossen. Es ging mit Distanzunterricht weiter. Erst am 22. Februar 2021, nach den in der Regel einwöchigen Winter- oder Faschingsferien und zehn Wochen nach dem letzten regulären Schultag am 11. Dezember 2020, öffneten die Grundschulen wieder, allerdings nur im Wechselunterricht. Mitte März 2021 durften Kinder der 5. und 6. Klassen zurück in den Präsenzunterricht. Am 1. April 2021 wurde erneut entschieden, die Schulen nach den Osterferien zu schließen. Am 12. April 2021 begann für die meisten Distanz-, Anfang Juni wieder Präsenzunterricht, wenn auch teilweise im Rahmen von Wechselunterricht. In Berlin blieb es bis zum Anfang der Sommerferien bei Wechselunterricht:[5] Von Mitte Dezember bis zum Ende der Sommerferien, über sieben Monate am Stück, fand kein normaler Unterricht statt.

Im internationalen Vergleich mit ausgewählten europäischen Ländern (Spanien, Schweden, die Niederlande, Frankreich, Polen und Österreich) waren die Schulschließungen in Deutschland besonders massiv: 183 Schließtage (an 72 Tagen vollständig und an 109 Tagen teilweise) im Vergleich zu ca. 50 Tagen z.B. in Frankreich, wo der politische Wille, die Schulen offen zu halten, ungleich größer war als in Deutschland.[6] Laut einer OECD-Studie waren deutsche Schulen bis zum 20. Mai 2021 an etwas weniger Tagen geschlossen als im Durchschnitt, darüber lagen u.a. Mexiko, Kolumbien, Costa Rica und die Türkei.[7] Während Schulen und Kitas im Lockdown waren, bestand für die erwachsene Bevölkerung größtenteils keine Verpflichtung – bei realisierbarem Homeoffice –, zu Hause zu arbeiten. Im Februar 2021 waren etwa 30 % der Arbeitnehmerinnen und Arbeitnehmer zumindest teilweise im Homeoffice, der Anteil derjenigen, die von zu Hause aus hätten arbeiten können, lag bei 56 %.[8] Mit der Schule – im Folgenden soll von Schule gesprochen werden, obwohl es *die* Schule in Deutschland nicht gibt, sondern viele unterschiedliche Schulformen in 16 Bundesländern – schloss nicht irgendeine Institution, sondern jene, die wie keine andere das Leben der jungen Menschen prägt und die dazu einen grundgesetzlichen Erziehungsauftrag hat. Vor der Corona-Pandemie hatten in einzelnen Fällen Gerichte bei »Schulschwänzen« (Schulabsentismus) staatliche Zwangsmaßnahmen gegenüber Kindern und Eltern pauschal damit gerechtfertigt, dass die Abwesenheit von der Schule generell eine Kindeswohlgefährdung sei.[9]

Die Corona-KiTa-Studie[10] nennt drei längere Schließungsphasen von »Kindertageseinrichtungen und teilweise Kindertagespflegestellen«: eine erste Phase im Rahmen des ersten bundesweiten Lockdowns ab Mitte März 2020 bis in den Sommer 2020. »In dieser Zeit lag die Auslastung in den Kitas nur bei etwa 10 bis 30 %, d. h., 70 bis 90 % der Kita-Kinder wurden nicht betreut.«[11] Während der zweiten Schließungsphase im Zuge des zweiten bundesweiten Lockdowns zwischen Mitte Dezember 2020 und Anfang März 2021 seien acht Bundesländer zur Notbetreuung zurückgekehrt, »wobei fünf dieser Bundesländer die Zugangskriterien – verglichen mit der Situation im ersten Lockdown – deutlich erweiterten und nur drei Bundesländer restriktive Kriterien (v. a. Eltern mit systemrelevanten Berufen) ansetzten.«[12] Aufgrund der Infektionsentwicklung in der dritten Pandemie-Welle sei nach wenigen Wochen Kita-Regelbetrieb ab ca. Ende März bis Ende Mai 2021 eine weitere Schließzeit erfolgt. Mehr als zwei Drittel der Kita-Kinder ab drei Jahren mussten über mehrere Monate auf institutionelle Bildung und Betreuung verzichten.[13] Kita-Schließungen fallen schwer ins Gewicht, weil sie die wichtige Zeit der frühkindlichen Bildung betreffen, die u. a. für den Spracherwerb bei Kindern mit Förderbedarf fundamental ist und die Basis darstellt, auf der die Grundschule später aufbaut. Während der Pandemie stieg der Anteil an Kindern mit deutlich höherem Förderbedarf ebenso wie die Rückstellung von Schulbesuch.[14]

Lernen im Lockdown

Während des ersten Lockdowns wurde die schulische Lernzeit halbiert: Lag sie vor der Pandemie im Schnitt bei 7,5 Stunden pro Tag, ging sie während der Schulschließungen im Frühjahr 2020 auf 3,7 Stunden zurück, während der Schließungen im Frühjahr 2021 lag sie bei 4,6 Stunden. Dafür verbrachten Kinder und Jugendliche wesentlich mehr Zeit mit elektronischen Medien.[15] Ein Jahr nach Beginn der Pandemie zeigten sich noch immer massive Lernzeitverluste.[16] Kinder und Jugendliche aus sogenannten bildungsfernen und ressourcenschwachen Familien lernten besonders wenig, die Schere zwischen ihren Lernerfolgen und denen anderer Kinder ging weiter auseinander.[17]

Natürlich hatten Schulschließungen und Formate des Distanz- und Wechselunterrichts Auswirkungen auf das Lernen und den schulischen Erfolg: Diese Unterrichtsformate, soweit sie überhaupt stattfanden, stellten neue, hohe Anforderungen an die Selbstorganisation der Kinder und Jugendlichen bzw. an die Rolle der Eltern. Manche sahen ihre Lehrerinnen und Lehrer nur virtuell und teilweise so selten pro Woche, dass sich die Frage stellt, ob man überhaupt von Distanz*unterricht* sprechen kann und nicht eher von einer Art Fern*studium*.[18]

Der Distanzunterricht bestand aus einzelnen synchronen Online-Unterrichtsstunden und aus der Bereitstellung von Aufgaben und Lernmaterialien zum selbstständigen Lernen. Einige kamen mit den Bedingungen gut klar, oft auch dank systematischer Unterstützung durch die Familie. Sie lernten so viel wie vor der Pandemie und erweiterten gleichzeitig ihre IT- und Selbstorganisationskompetenzen. Andere lernten deutlich weniger. Manche wurden von ihrer Schule fast nicht erreicht oder verschwanden im wörtlichen und übertragenen Sinne vom Bildschirm. Kinder und Jugendliche hatten während des ersten Lockdowns generell wenig Kontakt zu ihren Lehrkräften oder Erzieherinnen und Erziehern. Während noch am häufigsten Kontakt per E-Mail stattfand, gefolgt von Videochat und Textnachrichten, war Austausch per Telefon, Brief, soziale Netzwerke, über aufgenommene Videobotschaften und persönliche Treffen mit und ohne Abstand äußerst selten.[19] »In nahezu allen Haushalten sind digitale Medien, die zu einer Kontaktaufnahme mit Erzieher/innen und Lehrkräften eingesetzt werden könnten, verfügbar. Hier ist also keine Ursache für die insgesamt geringe Kontaktfrequenz zwischen Kindern und pädagogischen Fachkräften zu vermuten.«[20] Nur 7 % der Schulen stellten während des ersten Lockdowns täglichen Online-Unterricht zur Verfügung.[21]

Es fehlte in Deutschland die digitale Grundstruktur, um den Übergang zu einer neuen Unterrichtssituation im Lockdown zu ermöglichen. Diese Kombination aus niedriger Digitalisierung gepaart mit höchsten Datenschutzansprüchen ist weltweit sicherlich einzigartig. Einer Studie aus dem Jahr 2019 zufolge landete Deutschland in Bezug auf digitales Lernen europaweit auf dem letzten Platz.[22] In Bezug auf Online-Lernplattformen und Ressourcen für die Nutzung digitaler Technologien im Unterricht liegt Deutschland im Vergleich von sieben europäischen Staaten (im Vergleichszeitraum Januar 2020 bis Mai 2021) auf den letzten Rängen.[23] Allerdings erlebte das deutsche Schulsystem einen »pandemiebedingten Digitalisierungsschub«: zwischen 2020 und 2021 wurde die digitale Infrastruktur deutlich ausgebaut. Die Pandemie habe gezeigt, so Bildungsforscher Benjamin Fauth, dass Digitalisierung »in einem Ausmaß, das wir uns vor der Pandemie nicht hätten vorstellen können«, möglich sei.[24] Welche digitalen Instrumente sich auch für die zukünftige Nutzung bewährt haben, sei nicht abschließend geklärt, Fauth unterstreicht aber die Sinnhaftigkeit von computergestützten Feedback-Systemen zur Erfassung bestimmter Lernziele und der individuellen Entwicklung von Schülerinnen und Schülern. Diese Form der Rückmeldung sei essenziell für ihre Motivation. Frage man nach, was sie im Fernunterricht am meisten vermisst haben, falle das Votum eindeutig aus: »Am meisten haben ihnen die sozialen Kontakte gefehlt, die damit verbundene Kommunikation, das Feedback und die direkte Unterstützung durch die Lehrkraft.«[25] Erste empirische Ergebnisse weisen darauf hin, dass der Fernunterricht dort erfolgreich war, wo besonderer Wert auf die Beziehungsebene gelegt wurde. Eine Studie zur Qualität des Online-Unterrichts während der Pandemie titelt mit der wichtigsten Erkenntnis: »Social Connectedness Matters Most for Teaching Quality and Students' Learning«[26]. Unterrichtsmethoden, die persönlichen Kontakt ermöglichten und Beziehungen, auch zwischen Schülerinnen und Schülern, stärkten – z.B. Videomeetings, 1:1 oder in Kleingruppen –, hatten eine positive Auswirkung auf den Lernerfolg; ebenso Lernvideos, die von der Lehrkraft speziell für die Klasse erstellt worden waren.[27] Die Studie untermauert, was spätestens seit der weit rezipierten Studie des neuseeländischen Bildungsforschers John Hattie[28] bekannt ist und zunächst trivial erscheint: Die Rolle der Lehrerinnen und Lehrer ist essenziell bei der Vermittlung von Lehrinhalten. Als ein wesentlicher Faktor für gelingendes Lernen wird Feedback durch die Lehrkraft benannt, für einen gelungenen Online-Unterricht genauso wie für Präsenzunterricht.[29] Auch wenn die Leistungsfähigkeit der empirischen Bildungswissenschaften in diesem dynamischen Forschungsfeld kritisch hinterfragt werden muss, setzen repräsentative Studien bei der Auswertung der Lernsituation während der Pandemie interessante Schlaglichter: Eine Auswertung von Wortschatz und Leseverhalten von Viertklässlerinnen und Viertklässlern in Deutschland zeigt 2022 »substanzielle Unterschiede zwischen den Grundschüler:innen«, variierend »nach Geschlecht, Zuwanderungshintergrund, familiärem Buchbesitz und Bildungsabschluss der Eltern. Den größten mittleren Rückstand im Wortschatz hatten Kinder, die selbst nicht in Deutschland geboren wurden, und Kinder, deren Eltern höchstens einen Bildungsabschluss der Sekundarstufe I haben [...].«[30] Eine Meta-Analyse von 42 Studien aus 15 Ländern – darunter vier aus Deutschland – zeigt Auswirkungen auf die Rechenfähigkeit. Lernfortschritte haben sich während der Corona-Pandemie deutlich verlangsamt: »Schülerinnen und Schüler lagen im Mittel 35 Prozent hinter dem üblichen Pensum zurück.«[31] International gilt, was auch auf Deutschland zutrifft: Die Lernkrise ist vor allem eine Krise benachteiligter Kinder. Die größten Lücken weisen Kinder mit einem niedrigen sozioökonomischen Status aus.[32] Der im Oktober 2023 veröffentlichte IQB-Bildungstrend – eingeführt nach dem »PISA-Schock« im Jahr 2001, um erstmals Bildungsstandards zu formulieren und jährlich abzufragen – zeigt bei Schülerinnen und Schülern der neunten Klasse deutliche Leistungsabfälle im Kernfach Deutsch – Mathematik wurde in dieser Studie nicht abgefragt: Etwa 30 % der Jugendlichen, die den Mittleren Schulabschluss anstreben, erreichten die Mindeststandards im Fach Deutsch nicht.[33]

Das mangelhafte System

Das Agieren der Schulen während der Pandemie, die Schulschließungen und deren Auswirkungen auf die Schulbildung müssen vor dem Hintergrund der seit Jahren bekannten systemischen Mängel gesehen werden. Es ergibt sich das Bild einer Institution, deren Rolle in der Krise – trotz des großen Engagements Einzelner – so mittelmäßig und beschränkt in Leistungswille und Leistungsfähigkeit war wie auch schon vor der Pandemie. Mit Besorgnis erregenden Zahlen zu Lernerfolgen, Schulabschlüssen und Bildungsungleichheiten: Die Zahl der Jugendlichen, die die Schule ohne Hauptschulabschluss nach Ende der Schulpflicht nach neun Jahren verlassen, stieg nach dem vergleichsweisen niedrigen Stand 2013 von »nur« 5,2 % in den Folgejahren an und erreichte 2019 6,3 %, unter Jugendlichen mit Migrationshintergrund sogar 18,1 %: »Fast jeder fünfte Jugendliche mit Migrationshintergrund verlässt die Schule damit ohne Abschluss.«[34] Ausbildende Betriebe klagen über eine seit Jahren abnehmende Ausbildungsfähigkeit vieler selbst mit Schulabschluss abgehender junger Menschen. Seit Jahren reagieren Eltern auf die Malaise der öffentlich-staatlichen Schulen zunehmend dadurch, dass sie ihre Kinder in Privatschulen senden, die mittlerweile von jedem elften Schüler, ca. einer Millionen insgesamt, besucht werden.[35] Bereits 2019 klingt das Resümee des Bildungsmonitors des Instituts der deutschen Wirtschaft wie der Rückblick auf eine Krise: »Insgesamt zeigt die Studie [...]: Die Fortschritte sind überschaubar, große Rückschritte gibt es bei Schulqualität, Integration und der Reduzierung von Bildungsarmut.«[36] Gemäß der internationalen IGLU-Studie von Mai 2023 – die seit 2001 alle fünf Jahre die mittlere Lesekompetenz in Deutschland im internationalen Vergleich ermittelt – lesen Viertklässlerinnen und Viertklässler deutlich schlechter als vor fünf Jahren: die sozial- und migrationsbedingten Einschränkungen bei Lesekompetenzen sind seit 2001 fast unverändert, im internationalen Vergleich fallen sie besonders hoch aus. Ein Viertel erreicht den Mindeststandard nicht: »Die verschiedenen ergriffenen Maßnahmen in den vergangenen beiden Jahrzehnten haben kaum Wirkung im Hinblick darauf gezeigt, den Bildungserfolg sowie Bildungsgerechtigkeit und Chancengleichheit in Deutschland zu verbessern. [...] In Bezug auf die substanziellen Bildungsungleichheiten zeigt IGLU, dass sich in den letzten 20 Jahren in Deutschland praktisch nichts verändert hat. Das hat hohe Kosten für die betroffenen Individuen, für unsere Gesellschaft und unser Land und darf nicht weiter so bleiben«, bilanziert Bildungsforscherin Nele McElvany.[37] Der Lehrkräftemangel ist seit Jahren ein bekanntes Problem, er wird das Aufholen der Lerninhalte erschweren. Es gab bereits vor der Pandemie erheblichen Unterrichtsausfall.[38] Und Lehrerinnen und Lehrer fehlen vor allem dort, wo sie am dringendsten gebraucht werden, in Förderschulen, Grundschulen und in der Sekundarstufe. Es gibt keine Priorität bei der Bekämpfung von Bildungsarmut. Ganz im Gegenteil: »Dort, wo Ungleichheit reduziert werden könnte, nämlich in der Grundschule, liegt Unterfinanzierung vor. Dort, wo bereits Selektion stattgefunden hat, steigt die Investition.«[39] Probleme und Herausforderungen an sogenannten sozialen Brennpunktschulen sind enorm.[40]

Was passiert, wenn ein mangelhaftes Schulsystem auf schlecht durchgeführte pandemiebedingte Schulschließungen trifft? Das zeigen etwa die Ergebnisse der PISA-Studie für Deutschland im Dezember 2023 auf erschreckende Weise: Die Schülerinnen und Schüler schnitten so schlecht ab wie nie, schlechter noch als bei der ersten Untersuchung 2001, die den sogenannten PISA-Schock auslöste. Der Anteil der besonders leistungsschwachen Schülerinnen und Schüler ist sehr hoch: rund 30 % in Mathematik, 26 % beim Lesen und 23 % in den Naturwissenschaften.[41] Der Leistungsunterschied zwischen den geprüften 15-Jährigen mit und jenen ohne Migrationshintergrund entspricht mehr als zwei Schuljahren, wobei in beiden Gruppen Leistungskompetenzen verloren gingen. Schülerinnen und Schüler berichteten vermehrt von Ängsten mit Blick auf Mathematik, von Langeweile, von fehlender Unterstützung durch das Lehrpersonal und mehr Ablenkung durch digitale Geräte.[42] Bildungsökonom Ludger Wößmann beziffert allein die Kosten des Rückgangs des Leistungsniveaus in Mathematik bis zum Ende des Jahrhunderts für die deutsche Gesellschaft auf 14 Billionen Euro.[43]

Bildung als Wert und Recht

Bildung ist von enormer Bedeutung für die Entwicklung und Entfaltung zu einer autonomen und selbstbestimmten Person mit einer offenen Zukunft. Bildung erhöht in unserer komplexen Wissensgesellschaft die Chancen auf subjektives Wohlbefinden, z.B. indem Lernerfolge und die Entwicklung bestimmter Fähigkeiten Gefühle wie Freude, Stolz oder Zufriedenheit erzeugen. Oder indem ein späterer Beruf wirtschaftliche Existenzangst verhindert und als erfüllende Tätigkeit erlebt wird. Bildung ist nicht nur wegen der direkten Bedeutung für Autonomieentwicklung und Wohlbefinden Teil des Kindeswohls, sondern auch als wichtiger Faktor für eine ganze Reihe weiterer Teile des Kindeswohls wie Gesundheitskompetenzen und Gesundheit, die effektive Wahrnehmung eigener Rechte sowie für Selbstachtung und Anerkennung durch andere. Bildung befähigt auch zur tatsächlichen und individuell als sinnhaft empfundenen Nutzung vieler Aspekte, die den Wert unserer Gesellschaft ausmachen: Freiheiten, Chancen und vielfältige gesellschaftliche Teilhabemöglichkeiten.

Eine ergänzende und konkretisierende Perspektive auf die Bedeutung von Bildung liefert die Theorie der sogenannten Erziehungs- oder Bildungsgüter (*educational goods*). Diese sechs Güter stellen Ziele von Schulbildung dar, die nicht nur für junge Menschen selbst, sondern auch für eine freiheitliche Gesellschaft wertvoll sind. Dabei handelt es sich um zu erlernende Fähigkeiten und Einstellungen – Ziele und Parameter einer guten Schule: 1) Fähigkeiten zur wirtschaftlichen Produktivität, 2) persönliche Autonomie, 3) demokratische Kompetenzen, 4) gesunde zwischenmenschliche Beziehungen, 5) Betrachtung anderer als moralisch Gleiche, 6) persönliche Erfüllung.[44] Es liegt heute mehr denn je im vitalen Interesse der Gesellschaft, Kindern und Jugendlichen eine gute und ausreichende Bildung zu ermöglichen, die ihnen berufliche Aus- und Weiterbildungswege eröffnet. Junge Menschen sollen irgendwann für ihren eigenen Lebensunterhalt sorgen können und darüber hinaus einen wirksamen Beitrag für zukünftige Herausforderungen leisten, mit denen sie und die Gesellschaft angesichts eines globalen Wettbewerbs, internationaler Spannungen, hoher staatlicher Schulden, einer alternden Bevölkerung, struktureller

Lasten in den Sozialversicherungen und des Klimawandels konfrontiert sind. Die liberale Gesellschaft in Form des demokratischen Rechtsstaates ist darauf angewiesen, dass junge Menschen demokratische Werte und Kompetenzen erlernen, demokratische Institutionen anerkennen, mit Leben füllen und verteidigen. Angesichts antidemokratischer Großmächte wie China oder Russland, der Erosion und Bedrohung von liberalen Demokratien wie u. a. in den USA, Israel, Polen und Ungarn sowie der davon befeuerten innerdeutschen Demokratiefeinde zeigte sich gerade auch während der Pandemie, wie massiv die offene deutsche Gesellschaft und ihr demokratischer Rechtsstaat unter Druck stehen und dass Bürgerinnen und Bürger sich für ihr Fortbestehen einsetzen müssen. Politische Bildung durch die öffentlichen staatlichen Schulen und Kitas ist dafür ein unersetzliches Instrument. Ebenfalls unverzichtbar ist deren Beitrag für gesellschaftlichen Zusammenhalt sowie Integration. Diese Funktion von Schule und Kita war jahrelang ein dominantes Thema von Politik und Öffentlichkeit, während der Pandemie geriet sie weitgehend in Vergessenheit.

Aufgrund der weitreichenden und vielfältigen Bedeutung der Bildung sowohl für Kinder und Jugendliche als auch für die Allgemeinheit ergibt sich aus kinderethischer Sicht eine Reihe guter Gründe, jungen Menschen ein moralisches Recht auf Bildung zuzusprechen und die gesellschaftliche Achtung und Umsetzung dieses Rechts einzufordern. Es ist einerseits erfreulich, dass das Bundesverfassungsgericht in seinem Urteil vom 19. November 2021 zu Schulschließungen während der Corona-Pandemie erstmalig von einem grundgesetzlichen Recht von Kindern und Jugendlichen auf schulische Bildung sprach.[45] Andererseits hätte diese Feststellung schon viel früher eine verfassungsrechtliche und politische Selbstverständlichkeit sein müssen. Dass erst eine Pandemie-Politik mit nie dagewesenen Eingriffen in den Schulbetrieb zur grundgesetzlichen Anerkennung des Rechts auf schulische Bildung führte, stimmt nachdenklich. Dass das Bundesverfassungsgericht die Schulschließungen und deren Durchführung trotz der erstmaligen Anerkennung des Rechts auf schulische Bildung anstandslos als verfassungsgemäß bewertete, weckt Zweifel am Gewicht, das diesem Recht juristisch eingeräumt wird.

Seit Bestehen der Bundesrepublik spricht sich der Staat mit verfassungsrechtlicher Autorität einen weitgehenden Erziehungsauftrag zu. Mit diesem Auftrag rechtfertigte er u.a. die in Deutschland besonders strenge Schulpflicht, mit der er massiv in die Rechte und das Leben der Kinder und ihrer Eltern eingreift – *ohne* dass dieser staatlichen Selbstberufung und Selbstermächtigung *ein Recht der Kinder und Jugendlichen* auf Bildung gegenübergestellt worden wäre und *ohne* dass der Staat sich zu irgendeiner Leistung oder einem Leistungsnachweis verpflichtet hätte. Die Hoffnung, dass das Bundesverfassungsgerichtsurteil an dieser grundlegenden Schieflage etwas ändert, ist gering. Denn das Urteil spricht Kindern und Jugendlichen nur unter vielen Vorbehalten Ansprüche auf minimale Bildungsleistungen zu; es geht um einen »unverzichtbaren Mindeststandard schulischer Bildung«, der zusätzlich unter »einen Vorbehalt des Möglichen« gestellt wird, der aus Sicht des Gerichts auch die Entscheidung umfasst, »ob und inwieweit […] die nur begrenzt zur Verfügung stehenden öffentlichen Mittel verwendet werden sollen«.[46] Solange es keine einschneidenden Schulreformen gibt, spricht vieles dafür, dass es bei der obrigkeitsstaatlichen Grundhaltung der öffentlich-staatlichen Schule gegenüber Kindern, Jugendlichen und ihren Eltern bleiben wird – einem hartnäckigen Erbe der Kaiserzeit: Ausübung staatlicher Macht und Zwang ohne damit einhergehende rechenschaftspflichtige Verantwortung für Transparenz und Leistungserbringung.

Bildungsgerechtigkeit

Warum waren die Auswirkungen der Schulschließungen ungerecht? Und warum erscheint es als besonders ungerecht, dass Kinder und Jugendliche aus benachteiligten Familien von den Auswirkungen überdurchschnittlich stark betroffen waren? Mit Blick auf die Pandemie sowie auf das deutsche Schulsystem generell kommt die Rede schnell auf Begriffe wie Bildungsgerechtigkeit und Chancengleichheit (und deren mangelnde Verwirklichung). Klar ist, dass Bildung ein wichtiger Faktor für das Leben der einzelnen Menschen sowie für die gesellschaftliche Verteilung von Chancen, Anerkennung, Einkommen, Gesundheit und vieles mehr ist. Bildungsgerechtigkeit ist eine grundlegende Frage der sozialen Gerechtigkeit. Bei Fragen der Bildungsgerechtigkeit geht es vor allem um Ansprüche von Schülerinnen und Schülern auf Lehrleistungen (Unterricht, Lernunterstützung etc.) und darum, wann Unterschiede zwischen jungen Menschen bei der Verteilung von Leistungen (Ressourcen) und beim Bildungserfolg bzw. bei Bildungsabschlüssen gerecht oder ungerecht sind. Zur Bildungsgerechtigkeit gehört darüber hinaus, dass Kinder und Jugendliche in den Bildungseinrichtungen als Personen mit eigenen Rechten und Bedürfnissen gelten und entsprechend mit Achtung und Wohlwollen behandelt werden.[47]

Schon in der Theorie ist die Frage, welche Unterschiede zwischen Kindern und Jugendlichen bei Ressourcenverteilung und Bildungserfolgen gerecht sind, anspruchsvoll.[48] Wer z.B. sagt, dass Unterschiede im Bildungserfolg (nur) dann gerecht sind, wenn sie auf »natürliche« Unterschiede bei den angeborenen Begabungen zurückzuführen sind, übersieht den Einfluss sozialer Faktoren. Wer hingegen sagt, Unterschiede im Bildungserfolg seien dann gerecht im Sinne von »verdient«, wenn sie vom unterschiedlichen Fleiß der Schülerinnen und Schüler und damit letztlich von deren eigenverantwortlicher

Leistungsbereitschaft abhängen, übersieht, dass gerade junge Menschen, je nach Reifegrad, nicht einfach als voll eigenverantwortlich gelten können und ihr Fleiß und Einsatz stark familiär geprägt sein können. Diejenigen, die fordern, dass der familiäre Hintergrund für das Erreichen von Bildungserfolgen und Unterschieden in den Bildungserfolgen keine Rolle spielen sollte, übersehen u.a., dass innerfamiliäre Bildung ab der Geburt anfängt und die familiäre Bildungsunterstützung sowohl für Kinder und Jugendliche selbst als auch für das Schulsystem und die Gesellschaft eine enorme Ressource bildet, die man weder abschaffen noch staatlich kompensieren oder umverteilen kann. Zu den in der Theorie bestehenden Schwierigkeiten kommen oft auch noch erhebliche Probleme bei der praktischen Umsetzung konkreter Vorstellungen von Bildungsgerechtigkeit hinzu. Aufgrund all dieser Schwierigkeiten in Theorie und Umsetzung schlage ich nur einige elementare Thesen zur Orientierung in punkto Bildungsgerechtigkeit vor:

Junge Menschen haben ein Recht auf Bildung während ihrer gesamten Kindheit und Jugend. Kinder und Jugendliche haben *ein elementares Recht auf Erreichen eines Mindestniveaus an Bildung*. Dies ist ein Recht auf Unterstützung dabei, eine bestimmte Schwelle zu erreichen, die nicht zu niedrig, sondern durchaus anspruchsvoll definiert sein sollte: ein so definiertes Mindestniveau an Bildung sollte das Beherrschen der elementaren Kulturtechniken des Schreibens, Lesens und grundlegenden Rechnens umfassen, ein basales Verständnis unserer Gesellschaft und ihrer Geschichte beinhalten und die grundlegende Kompetenz, selbstständig zu lernen, sowie die für das Lernen notwendigen Tugenden vermitteln. Es sollte Anschlussmöglichkeiten zu weiterführender Bildung bzw. zum Erlernen bestimmter Berufe garantieren. Die stets knappen Ressourcen des Bildungssystems müssen vorrangig dafür eingesetzt werden, Schülerinnen und Schülern das Erreichen dieses skizzierten

Mindestniveaus an Bildung zu ermöglichen. Kinder und Jugendliche, denen dies schwerer fällt als anderen – vor allem diejenigen aus bildungsfernen und sozioökonomisch schwachen Familien – müssen mehr Ressourcen und Unterstützung erhalten. Das oberste Ziel muss es sein, zu verhindern, dass Minderjährige aus bildungsfernen und sozioökonomisch schwachen Familien das Erreichen des Mindestniveaus an Bildung verfehlen. Wenn prinzipiell alle dieses Mindestniveaus erreichen, gibt es bis dahin Gleichheit beim Bildungserfolg und somit auch keine sozial bzw. familiär bedingten Ungleichheiten. Jenseits dieses Bildungsniveaus lassen sich Auswirkungen familiärer Hintergründe auf den Bildungserfolg von Kindern und Jugendlichen nicht ausschließen, müssen aber in Grenzen gehalten werden. Alle Schülerinnen und Schüler müssen in der Schule gleichermaßen Achtung erfahren und sich individuell ernst genommen, anerkannt und respektiert fühlen.

Bildungsungerechtigkeit in der Pandemie

Die so skizzierte Bildungsgerechtigkeit zeigt auf, warum die Corona-Schulschließungen ethisch so schwer ins Gewicht fallen: weil diejenigen, deren Weg durch ein diskriminierendes Schulsystem ohnehin steinig und prekär ist, zusätzlich belastet wurden.[49] Es wurde kein systematischer und wirksamer Schwerpunkt darauf gelegt, diese Zielgruppe nicht zu verlieren und sie möglichst breit zu unterstützen. Ungeachtet aller vorpandemischer Erkenntnisse zu Bildungsgefährdungen wurden die Schulen während der Pandemie dauerhaft geschlossen, nicht nur einmal, sondern, trotz zusätzlicher ergänzender Erkenntnisse aus dem ersten Lockdown,[50] auch noch ein zweites Mal. Kinder und Jugendliche konnten sich durch die Schulpolitik auch kaum als Personen mit Rechten ernst genommen und geachtet fühlen. Angehört wurden die Kinder und Jugendlichen bzw. ihre Vertreterinnen und Vertreter von den zuständigen Kultusministerien das erste Mal im Februar 2022, nach fast zwei Jahren Pandemie. Die Schulschließungen und fast alle anderen besonderen Maßnahmen waren da schon wieder passé.[51]

Schon Jahre vor Ausbruch der Pandemie war umfassend bekannt und belegt, dass es aufgrund der massiven systemischen Mängel im deutschen Schulsystem viele junge Menschen gibt, bei denen selbst das Erreichen minimaler Bildungsniveaus und Schulabschlüsse strukturell gefährdet ist. Und dass der Einfluss der Familien auf den Bildungserfolg groß ist und Bildungsmisserfolge auf Kinder »vererbt« werden. Es war vorhersehbar, dass viele Eltern das schulische Lernen ihrer Kinder zu Hause nicht ausreichend würden unterstützen können. Die Auswirkungen der Sommerferien, der sogenannte »Ferieneffekt«, war bereits vor der Pandemie bekannt: Längere Zeiten ohne Schulbesuch, in denen Minderjährige sich hauptsächlich in einem bildungsfernen Umfeld aufhalten, können sogar bereits erreichte Lernerfolge und Kompetenzen gefährden.

Aufholen und Abholen

Das langfristige Erbe der Corona-Pandemie hängt auch davon ab, wie die politische Antwort der einzelnen Länder in den kommenden Jahren aussehen wird.[52] Welche Maßnahmen wurden inzwischen getroffen? Die Bundesregierung stellte im Sommer 2021 eine Milliarde Euro im Rahmen eines Zweimilliarden-Pakets bereit, um Kinder und Jugendliche beim Aufholen von Lernverlusten zu unterstützen. Je nachdem, ob man davon ausgeht, dass ein Drittel oder die Hälfte der ca. 8,4 Millionen Schüler an allgemeinbildenden Schulen in Deutschland relevante Lernverluste hatte, blieben zu ihrer Unterstützung etwa 200 bis 400 Euro pro Kopf. Nicht genug, um ca. 150 Tage ohne richtigen Unterricht aufzuholen. Die Länder haben zwar, auch mit der Hilfe dieser Milliarde des Bundes, versucht, Schülerinnen und Schüler durch Ferienprogramme oder Nachhilfeleistungen beim Aufholen von Lernrückständen zu unterstützen. Die Studie »Aufholen nach Corona? Maßnahmen der Länder im Kontext des Aktionsprogramms von Bund und Ländern« (2022) hegt starke Zweifel daran, ob diese viel zu geringen Mittel bei denjenigen Kindern und Jugendlichen ankamen, die sie am meisten benötigten: »Freiwillige Angebote wie Nachhilfe und Ferienprogramme wurden wohl – wie es bei freiwilligen Bildungsangeboten ohnehin tendenziell der Fall ist – eher von sozial privilegierten Gruppen in Anspruch genommen.«[53] Zu empfehlen sei eine Fokussierung auf die am stärksten betroffenen Gruppen.[54] Die zeitliche Umsetzung des Programms sei aufgrund des Personalmangels verzögert worden, eine nachhaltige Gestaltung aufgrund der befristeten Laufzeit des Programms kaum realisierbar.[55] Dort allerdings, wo bereits in der Vergangenheit Strukturen geschaffen worden seien für eine individuelle Förderung, gelinge diese auch nach der Pandemie am ehesten: »Hier ist gerade Hamburg mit der im Schulgesetz verankerten Lernförderung und den ausgebauten Ganztagsschulstrukturen ein sehr gutes Beispiel.«[56] Bildungspolitik, die nicht ausreichend auf entstandene Lernlücken reagiere, gehe ein hohes Risiko ein, dass aus Lernrückständen einiger Monate mittelfristig Lernrückstände von mehr als einem Jahr werden können.[57]

Die Corona-Pandemie hat den Blick auf die Relevanz von Lernstandserhebungen in Deutschland geschärft. Es gab in Deutschland während der Corona-Pandemie keine bundesweiten Lernstandserhebungen und nur wenige Studien, die überhaupt Aussagen zu möglichen Lernrückständen erlauben.[58] Dabei wäre eine Vollerhebung – trotz des hohen Aufwandes für die Schulen[59] – mit (mindestens jährlichen) Wiederholungsmessungen von Kompetenzen in mehreren Kompetenzbereichen notwendig, um Lernrückstände zu erfassen.[60] Hamburg etwa – das in den vergangenen Jahren in Deutschland vorgemacht hat, wie eine Reform des Bildungswesens aussehen könnte, und das Nachholprogramm vergleichsweise gut umsetzen kann – hat eine Vollerhebung zwischen den Jahrgangsstufen 2 und 9 jährlich eingeführt, um Förderbedarfe zu ermitteln und Schülerinnen und Schüler gezielt zu fördern. Mindestens so relevant wie das Aufholen von Lernrückständen ist es, angesichts der gravierenden psychosozialen Auswirkungen der Schulschließungen die Kinder und Jugendlichen auf der sozial-emotionalen Ebene abzuholen und ihre persönliche und psychosoziale Entwicklung zu unterstützen.

FORDERUNGEN

Zur Überwindung der systemischen Mängel des Schulsystems gibt es bereits eine Vielzahl von Analysen und Vorschlägen aus unterschiedlichen Perspektiven und Fachrichtungen. Aus kinderethischer Perspektive ließe sich Folgendes ergänzen:

Schulische Bildung der Kinder und Jugendlichen muss politisch, gesellschaftlich und rechtlich einen wesentlich höheren Stellenwert erhalten. Die Schulpflicht sollte an das tatsächliche und nachweisliche Erbringen von Lehrleistungen gebunden werden. Kinder, Jugendliche und Eltern wie Interessenverbände sollten das Recht der Kinder auf schulische Bildungsleistungen wirksam gerichtlich überprüfen lassen und einklagen können. Schulpolitik sollte die höchste Priorität darauf setzen, dass auch bildungsschwache Schülerinnen und Schüler ein gewisses Bildungsniveau erreichen. Brennpunktschulen, wie Grundschulen und Hauptschulen in benachteiligten Vierteln, müssen von Schulverwaltung und Politik mit absolutem Vorrang besondere Förderung und Ressourcen erhalten. Das geplante »Startchancen-Programm« von Bund und Ländern[61] ist ein Schritt in die richtige Richtung, aber eventuell aufgrund der langen Laufzeit zu behäbig – Beginn erst 2024/25 – und zu sehr auf Gebäudesanierung abzielend. Immerhin sind die Länder im Zuge des »Startchancen-Programms« gezwungen, einen Sozialindex zu erstellen, um den Förderbedarf gezielt zu ermitteln.[62] Die besten Lehrerinnen und Lehrer sollten, unterstützt mit der besten Ausstattung an Ressourcen, Mitteln und Infrastruktur, an den schwierigsten Schulen eingesetzt werden. Auf der Intensivstation einer Klinik oder in einem Spezialeinsatzkommando der Polizei arbeiten auch gut ausgebildete Personen.

Kinder mit speziellem Förderbedarf sollten beim Lernen von einem Tutoring-System begleitet werden, das, ähnlich privater Nachhilfe, in 1:1-Betreuung oder Kleingruppen, dabei hilft, den wichtigsten Lernstoff zu erarbeiten.[63] Um benachteiligte Kinder auf ihrem Bildungsweg zu unterstützen, sollten systematisch Mentoring-Programme aufgesetzt werden.[64] Ein Mentor betreut und begleitet ein Kind über einen längeren Zeitraum, versucht, eine gefestigte Beziehung aufzubauen und die Gesamtentwicklung zu unterstützen, z.B. auch bei der Suche und Inanspruchnahme von Unterstützungsprogrammen oder beim Übergang von Kita zu Schule, von Grundschule zur weiterführenden Schule. Zur Unterstützung einzelner Schülerinnen oder Schüler, von Klassen und Schulen sollten multiprofessionelle Teams aus Experten und Expertinnen der Sozialarbeit, Schul- und Entwicklungspsychologie usw. aufgebaut und eingeführt und in der Schule sowie mit externen Einrichtungen wie Kinderschutz eng vernetzt werden.

Ein Schwerpunkt muss die Stärkung frühkindlicher Bildung sein: in der Kita (u.a. mit Sprachförderung) sowie in Grundschulen (inklusive bestimmter Vorbereitungs- oder Förderklassen). Wenn – so schnell wie möglich – für jedes Kind ein Kitaplatz mit guter Betreuungsqualität zur Verfügung steht, sollte der Besuch in den letzten zwei Jahren vor der Grundschule verpflichtend sein – ähnlich wie es in der Schweiz bereits in vielen Kantonen der Fall ist.[65] Förderbedarf muss früh erfasst werden, ebenso Sprachkompetenzen, ungefähr ab zwei

Jahren, zu empfehlen ist eine Schulreifeprüfung im sechsten Lebensjahr.

Im Rahmen spezieller Unterstützungs- und Integrationsprogramme für Kinder und Jugendliche mit bildungsfernem Migrationshintergrund und fehlenden oder schlechten Deutschkenntnissen sollten als Mentoren, Ansprechpersonen oder Paten auch Personen gefunden werden, die über den gleichen oder einen ähnlichen Migrationshintergrund verfügen und als positive Rollenmodelle dienen können. Die stetig komplexer werdende Migrationsstruktur der Schülerinnen und Schüler an deutschen Schulen muss sich auch bei den Beschäftigten widerspiegeln, Schule muss sich im Wandel der Gesellschaft und Schülerschaft mitwandeln. Der Anteil der Kinder und Jugendlichen mit Migrationshintergrund nimmt generell zu.[66] Laut Mikrozensus 2021 hatten in der Altersgruppe der 0- bis 15-Jährigen rund 39 % einen Migrationshintergrund.[67] Von den Minderjährigen mit Migrationshintergrund haben rund 70 % die deutsche Staatsbürgerschaft.[68] Diese Zahlen sind durch minderjährige Geflüchtete aus der Ukraine nochmals angestiegen.[69] Viele Kinder aus Einwanderfamilien sprechen zu Hause kein Deutsch und haben entsprechend große Probleme in der Schule.[70] Sprachtests und -förderprogramme sollten bei Kindern mit Förderbedarf, die zu Hause kein Deutsch sprechen, vom zweiten Lebensjahr bis zum letzten Schuljahr verpflichtend sein. Kanada macht vor, wie eine effektive, frühe Sprachförderung in einem von Einwanderung stark geprägten Land aussieht.[71] Andererseits sollte die begrenzte Beherrschung der deutschen Sprache keine Voraussetzung sein für den Lernerfolg in Fächern wie Mathematik. Z.B. könnten deutsche Lehrbücher in digitaler Form auch in anderen Sprachen zur Verfügung gestellt werden – bei heutigen KI-Übersetzungssoftwares eine Kleinigkeit. Der Sprachfaktor könnte bei Leistungsprüfungen identifiziert werden.

Schulen sollten zentral und einheitlich einfache und klare

Lernzielvorgaben erhalten, aber auch Autonomie bei der Umsetzung dieser Zielvorgaben, d.h. Gestaltungs- und Budgetfreiheiten im Management der Schule. Um zentral vorgegebene, einheitliche Zielvorgaben zu erfüllen, kann und sollte dann das Potenzial für Innovationen und Problemlösung vor Ort entfesselt anstatt durch träge, hierarchische, bürokratische Verwaltungsstrukturen ausgebremst werden. Die Idee der Schulferien, wie wir sie bisher kennen, als völlige Abwesenheit von Lehrern und Lehrerinnen, als Wegfall jeglichen Inputs und einer Unterbrechung des Kontakts mit Schulpersonal, sollte aufgegeben werden. Ferien sollten für freiwillige, bei erheblichem Förderbedarf verpflichtende Unterstützungs- und Lehrprogramme genutzt werden. Zentral sollte die Aneignung des Lernstoffs, z.B. in den Sommerferien des vorhergehenden Schuljahres, sein; aber auch, durchaus spielerisch, die sprachliche und psychosoziale Entwicklung und Kompetenz der Kinder und Jugendlichen. Diese Programme könnten in Präsenz und online unter Verwendung digitaler Tools durchgeführt werden.

Da der Mangel an pädagogischem Fachpersonal nicht schnell behoben werden kann, sondern – wenn überhaupt – nur durch längere Strukturprozesse, sollte Schule grundsätzlich weniger in Abhängigkeit von Lehrerinnen und Lehrern gedacht werden. Andere Personengruppen sollten bei der Betreuung und beim Lernen verstärkt eingebunden werden: angefangen von den jeweils älteren und leistungsstärkeren Schülerinnen und Schülern, über Studierende aller Fächer (die mehrfach privilegiert sind, da sie erstens überhaupt studieren können und zweitens keine Gebühren für ihre teils sehr teuren Studiengänge zahlen müssen); über Lehramtsstudierende, Berufstätige, bis hin zur stetig wachsenden Anzahl der Rentnerinnen und Rentner mit ihrem großen Schatz an Erfahrungen, Wissen und Netzwerken; verbeamtete Lehrerinnen und Lehrer sollten aus dem Ruhestand für einige Stunden pro Woche wieder aktiviert werden. Finanziell sollten kinderlose, gutverdienende bzw.

wohlhabende Personen und Paare (auch durch Abschaffung des Ehegattensplittungs) einen besonderen Beitrag leisten.

Damit der Schulunterricht nicht überfordert wird und sich Lehrerinnen und Lehrer auf das Wesentliche konzentrieren können, sollten über die Kernelemente des Lehrstoffs hinausgehende Aufgaben aus dem Unterricht ausgegliedert und in die Hände anderer gegeben werden: z.B. Fahrrad- und Verkehrstraining oder Schwimmunterricht, Medien- und Gesundheitsaufklärungs-Programme. Der Schul*unterricht* darf nicht zum Mülleimer der sozialen Probleme werden, die Wirtschaft und Gesellschaft schaffen und von der Politik nicht gelöst werden; die Schule sollte aber sehr wohl zum *Ort* werden, an dem außerhalb des Unterrichts durch zusätzliches Personal Prävention und Aufklärung stattfinden. Die Schule sollte ein »Dorf« sein mit einer umfassenden Infrastruktur (Unterricht, kostenloses und gesundes Schulessen, medizinische Routineuntersuchungen), in dem sich Bürgerinnen und Bürger, die Zivilgesellschaft sowie Unternehmen, Wissenschaft, insbesondere lokale Universitäten, Hochschulen, Forschungseinrichtungen und Kultur beteiligen. Durch stärkere Vernetzung und Kooperation mit Vereinen, Eltern, ehrenamtlich Tätigen, Kultur- und Wissenschaftseinrichtungen sollte Schule als Ort und Institution weiterführende Bildungsangebote für Kinder und Jugendliche außerhalb der typischen Unterrichts- und Betreuungszeiten unterbreiten.

Lehrerinnen und Lehrer sowie die Schulverwaltung sollten sich der besonderen Verantwortung und der wichtigen Rolle der persönlichen Lehrer-Schüler-Beziehung bewusstwerden und diese fördern. Dazu gehört persönliches Feedback, wozu auch Noten ein wichtiges Mittel sind, allerdings nur konstruktiv und akzeptabel, solange die Schülerinnen und Schüler mit schlechten Noten nicht alleingelassen, sondern gezielt unterstützt werden. Angehende Lehrer und Lehrerinnen sollten besser und praxisnaher ausgebildet werden und sich ständig fortbilden können, z.B. auch während der Schulferien. Zur Stärkung des Bewusstseins ihrer großen Verantwortung sollten in der Aus- und Fortbildung auch kinderethische und bildungsethische Inhalte verankert werden. Ein professionsethischer Ethikkodex für Lehrerinnen und Lehrer sollte etabliert werden.

Die Ministerpräsidentinnen und -präsidenten der Länder müssen die Schule endlich zur Chefsache machen. Auch die Bundesregierung und der Bundeskanzler persönlich sollten sich engagieren, unterstützen, Druck ausüben und regelmäßige Rechenschaftspflichten einfordern. Bei weiterer Unfähigkeit, die Strukturen grundlegend zu verbessern und Schulbildung in gerechter und angemessener Weise zu gewährleisten, müssen die Länderchefinnen und -chefs die Länderkompetenz für Schule an den Bund abtreten. Bei den notwendigen Reformen ist ein Austausch auf Augenhöhe zwischen Praxis und empirischer Bildungsforschung unerlässlich. Gleichzeitig darf sich das deutsche Bildungssystem an den Vorbildern im Bund wie Hamburg und an den internationalen Vorbildern wie Neuseeland oder Singapur orientieren und sich auch durch internationale Experten und Expertinnen beraten lassen.

Als Teil der Umsetzung des grundgesetzlich anerkannten Rechts auf schulische Bildung muss es für jede staatliche Schule verpflichtend werden, Kinder und Jugendliche, Eltern und Öffentlichkeit über den Schulbetrieb, die von der Schule erbrachten Leistungen und die Situation der Schülerinnen und Schüler transparent zu informieren und Rechenschaft zu geben. Die Schule muss sich den Kindern und Jugendlichen, den Eltern und der Öffentlichkeit gegenüber aktiv erklären. Es sollte eine Kultur der regelmäßigen und systematischen Feedbacks und Evaluation des Unterrichts und der Schule seitens der Schülerinnen und Schüler sowie ihrer Eltern geben. Die Ergebnisse sollten einerseits mit Schülern und Eltern geteilt und besprochen und andererseits der Öffentlichkeit und Forschung zur Verfügung gestellt werden. Insgesamt müssen Kinder und

Jugendliche vielmehr in der Schule und Schulpolitik durch Anhörungen und Mitsprache beteiligt werden, auch bei grundlegenden Reformen.

Daten und datengestützte Evidenz bilden die unabdingbare Grundlage für Forschung, Rechenschaft, Transparenz, Qualitätskontrolle, Qualitätsverbesserung und fundierte Schulpolitik. Digitalisierung der Schule muss selbstverständlich weiter vorangetrieben werden. Digitalisierung darf in keinem Fall zu eng gedacht und auf das Unterrichten und Lernen begrenzt werden. Vielmehr sollte Schule eine selbstlernende Einrichtung werden, die nach allgemein verbindlichen und harmonisierten Standards Daten über sich selbst aktiv und systematisch erhebt und auswertet. Um evidenzbasierte Analysen zu erhalten, sollten sich die Daten auf alle relevanten Größen beziehen, wie z. B. Schulausstattung und Finanzierung, Schul- und Unterrichtsbetrieb (etwa Klassengrößen, ausgefallene Schulstunden), Ausbildung der Lehrerinnen und Lehrer sowie sozialer Hintergrund, Leistungen, Fehlzeiten und Noten der Schülerinnen und Schüler wie auch Befinden der Kinder und Jugendlichen und ihrer Eltern und deren Zufriedenheit mit dem Unterricht, einzelnen Lehrerkräften und der Schule insgesamt. Zur Bekämpfung der Bildungskrise auf System- und Individualebene muss der Datenschutz, wenn und wo er die Erforschung und Qualitätskontrolle sowie die Leistungserfassung und Förderung von Schülerinnen und Schülern signifikant erschwert, nachgeordnet werden. Dazu gehören auch regelmäßige vergleichbare Testungen und Lernstandserhebungen.

Die Finanzierung von Schule muss, dem Recht der Kinder und Jugendlichen entsprechend, bedarfsorientiert gedacht werden. Priorität hat dabei die Frage, was Kinder aus benachteiligten Verhältnissen in ihren Schulen brauchen, um ein angemessenes Niveau an Bildung inklusive eines entsprechenden Bildungsnachweises zu erreichen. Systematisch erhobene Daten zu Kompetenzen und sozialen und familiären Hintergründen der Kinder müssen bereits lange vor der Einschulung erfasst werden, um den finanziellen und den pädagogischen Bedarf einzelner Schulen oder Klassen frühzeitig evidenzbasiert einzuschätzen und die Verteilung von Finanzmitteln pro Schule und pro Kopf sozialpolitisch und aus der Perspektive der Bildungsgerechtigkeit gerecht zu steuern.

In einer neuen, mit der Corona-Pandemie vergleichbaren Krisensituation müssen gezielte Maßnahmen schulpolitisch umgesetzt werden, die sich an den Grundprinzipien orientieren: Fokus auf lernschwache, benachteiligte Schülerinnen und Schüler, Evidenz durch systematische Datenerhebung, aktives Monitoring, Transparenz und beteiligungsoffene Kommunikation.

4 Das Recht auf Wohlbefinden:
Schulen und Wohlbefinden im Lockdown

In der öffentlichen Wahrnehmung und der politischen Diskussion rund um die Schulschließungen dominierten drei Themen: Junge Menschen als »Super-Spreader«, als Schülerinnen und Schüler, die Lerndefizite anhäufen; Eltern, die zwischen Arbeit und der schulischen Unterstützung ihrer Kinder beim »Homeschooling« überlastet sind. Weitgehend unbeachtet blieb die Frage: Wie ging es den jungen Menschen? Schulen und Kitas haben den besten Zugang zu Kindern und Jugendlichen, sie hätten »kraft Amtes« weitgehend alle unter 18-Jährigen erreichen können. Allerdings haben sie nicht versucht, die Schülerinnen und Schüler während der Pandemie systematisch nach ihrem Wohlbefinden und den Auswirkungen der Schließungen zu befragen. Kenntnisse über das Wohlbefinden verdanken wir vor allem schulexternen Wissenschaftlerinnen und Wissenschaftlern, die sich wegen des für sie schwierigen Zugangs zu Eltern und deren Kindern mühevoll um die Erhebung von Daten für Studien kümmern mussten.

Wohlbefinden im Lockdown

Wie ging es den jungen Menschen im ersten Lockdown im Frühjahr 2020? Studien zeigen, dass Kinder und Jugendliche die Schulschließungen sehr unterschiedlich erlebten. Manche empfanden sie als teilweise angenehm oder zumindest nicht sehr schlimm, als eine Phase der Entschleunigung, der positiven Intensivierung des Familienlebens und einer gewissen Freiheit von Schulzwang und anderen negativen Aspekten der Schule.[1] Als besonders wichtige Ressource erwies sich dabei die Familie. Familien, die über einen guten Zusammenhalt berichteten und viel Zeit miteinander verbrachten, gelang es besser, mit den Belastungen der Pandemie umzugehen.[2] Andere erlebten diese erste Zeit und deren Auswirkungen als belastend. 38 % der Eltern empfanden die Schulschließungen im Frühjahr 2020 für ihr Kind bzw. sie selbst als große Belastung.[3] Im ersten Jahr der Pandemie kam es zu einem deutlichen Anstieg psychischer Auffälligkeiten.[4]

Minderjährige waren auf ihre Kernfamilie angewiesen, im Fall von Alleinerziehenden bestand diese aus *einer* anderen Person – ein Horrorszenario für jeden Risikomanager. Einsamkeit war ein großes Problem, vor allem für Jüngere und Einzelkinder.[5] Mehr als jedes vierte Kind erlebte nach Einschätzung der Eltern Gefühle von Einsamkeit. Die Kitas und Schulen trugen während dieser Ausnahmesituation nur wenig zu einer Milderung bei, der Kontakt der Kinder zu den Erzieherinnen und Erziehern und Lehrkräften sei in vielen Fällen eingebrochen. Dies betraf besonders Kita- und auch Grundschulkinder, die viel mehr als Ältere auf direkte Nähe, einen greifbaren Austausch und gemeinsames Spiel angewiesen sind.[6]

In der Pressemitteilung zur ersten Befragungswelle des Forschungsverbundes COPSY (Corona und Psyche) wird die Studienleiterin mit den Worten zitiert: »Die meisten Kinder und Jugendlichen fühlen sich belastet, machen sich vermehrt Sorgen, achten weniger auf ihre Gesundheit und beklagen häufiger Streit in der Familie.«[7] Zwei Drittel der Kinder berichteten nun von verminderter Lebensqualität und einem geringeren psychischen Wohlbefinden, während es vor der Pandemie nur ein Drittel gewesen war. Eine Untersuchung des Wohlbefindens bei Kindern und Jugendlichen unter 15 Jahren sowie ihren Eltern fragte danach, wie zufrieden sie mit der Art und Weise waren, ihre Zeit zu verbringen. Die Zufriedenheit mit der verbrachten Zeit während der Pandemie wurde deutlich niedriger eingeschätzt als vor der Pandemie.[8] Schon die ersten Studien[9] bestätigen, was kaum überraschen kann: Das Ausmaß der negativen Auswirkungen der Schulschließungen auf das Wohlbefinden der Kinder und Jugendlichen hing mit individuellen und familiären Verhältnissen zusammen und traf vor allem Kinder aus Familien mit geringerem sozioökonomischen Status, z. B. mit eher wenig finanziellen Ressourcen, niedrigem Bildungsgrad oder beengter Wohnsituation.

Ab dem Frühsommer 2020 lagen also aus den Wissenschaften klare Hinweise darauf vor, dass Lockdown-Maßnahmen und insbesondere die Schulschließungen erhebliche negative Auswirkungen auf das subjektive Wohlbefinden der Kinder und Jugendlichen hatten und auch darauf, dass es sich um tiefgehende Verstimmungen handelte, oft verbunden mit ungesundem Verhalten und Risiken für die psychische, aber auch körperliche Gesundheit. Dass sich die negativen Auswirkungen vor allem auf diejenigen mit schon bestehenden Belastungen und Problemen aus benachteiligten Familien niederschlugen, war von Studien ebenfalls belegt. Dennoch führte die Politik ab Dezember 2020 wieder die gleichen Maßnahmen durch, und wieder ohne nennenswerte Begleit- oder Unterstützungsangebote. Wie kaum anders zu erwarten, wirkten sich die erneuten Schließungen über die Wintermonate 2020/2021 bis zum Frühjahr 2021 wieder negativ auf das Wohlbefinden und die Psyche vieler junger Menschen aus. Und zwar stärker als die aus dem Frühjahr 2020.

Waren es im ersten Lockdown noch 38 %, so berichten Eltern nach den ersten Monaten des Jahres 2021 davon, dass für die Hälfte der Kinder die erneuten Schulschließungen eine erhebliche psychische Belastung darstellten.[10] Der zweiten COPSY-Studie zufolge, die Kinder und ihre Eltern vom Dezember 2020 bis Mitte Januar 2021 befragt hatte, ging es den Kindern nochmals wesentlich schlechter: Lebensqualität und psychische Gesundheit hatten sich weiter verschlechtert; fast jedes dritte Kind litt unter psychischen Auffälligkeiten; Sorgen und Ängste hatten noch einmal zugenommen sowie depressive Symptome und psychosomatische Beschwerden.

Besonders betroffen waren ohnehin benachteiligte und vorbelastete Kinder: »Erneut sind vor allem Kinder und Jugendliche aus sozial schwächeren Verhältnissen oder mit Migrationshintergrund betroffen.«[11] Im Mai 2021 berichtet eine 17-jährige Schülerin, die als eine von sechs Sprecherinnen ihrer Stufe Nachrichten ihrer Mitschüler erhielt: »Sie wollen morgens nicht mehr aufstehen, sie sind traurig, sie überlegen, die Schule zu schmeißen. In der Öffentlichkeit stehen wir da, als wäre unser größtes Problem, dass wir nicht mehr feiern können. Dabei erreichen uns Nachrichten von Schülern mit Suizidgedanken.«[12]

Im September und Oktober 2021, als es keine Schließungen mehr gab, fühlten sich gemäß der dritten COPSY-Studie noch 82 % der jungen Menschen von der Pandemie belastet, und 35 % beklagten eine geringe Lebensqualität – mehr als doppelt so viele wie vor der Pandemie.[13] Immerhin sah die Politik im Herbst 2021, als die Corona-Inzidenzen wieder sehr hoch, Impfstoffe aber vorhanden waren, von weiteren Schulschließungen ab. Eine im Mai 2023 veröffentlichte Meta-Analyse gibt einen Überblick zum kindlichen Wohlbefinden (gesundheitsbezogene Lebensqualität, selbstberichtete Lebenszufriedenheit, psychische Auffälligkeiten) während und nach der Pandemie:[14] Das große Bild dieses Berichts zeigt nicht nur, dass, wie bereits gesehen, gesundheitsbezogene Lebensqualität und Lebenszufriedenheit der Kinder und Jugendlichen in Deutschland während der Pandemie abnahmen, sondern auch, dass sie Ende 2022 noch unter dem vorpandemischen Niveau lagen. Allgemeine psychische Auffälligkeiten nahmen deutlich zu und betrafen im Jahr 2020 30 % der Kinder und Jugendlichen, blieben dann auf einem hohen Niveau und nahmen dann ab, ohne jedoch wieder auf das vorpandemische Niveau zu sinken. Die gleiche Entwicklung gilt auch speziell für Symptome der Ängstlichkeit. Nur depressive Symptome waren im Herbst 2022 wieder auf vorpandemischem Niveau.

Die negativen Auswirkungen auf das Wohlbefinden der Kinder und Jugendlichen verliefen, grob gesagt, über mehrere Wege: Mit den Schließungen verloren sie einen zentralen sozialen Lebensort, an dem sie Kontakte mit Freundinnen und Freunden, anderen Kindern und Jugendlichen und Erwachsenen haben, soziale Anregungen erhalten, mit anderen spielen und sich bewegen. Kinder und Jugendliche vermissten ihre Freunde, nahmen Verschlechterungen ihrer Freundschaften wahr und fühlten sich einsam oder isoliert.[15] Mit den Schließungen, dem oft wenig strukturierten Fernunterricht und den verlängerten Ferien zerfiel weitgehend die Sinn und Halt stiftende Strukturierung des Alltags. Des Weiteren fühlten sie sich mit Lernstoff und Aufgaben, die sie allein zu Hause erledigen sollten, alleingelassen oder überfordert.[16] Dabei dürfte auch die aufgrund technischer Hürden, anderer widriger Umstände oder individueller Faktoren stellenweise mangelhafte Betreuung durch ihre Lehrerinnen und Lehrer eine Rolle gespielt haben.[17] Kinder und Jugendliche waren gezwungenermaßen auf ihre Familien zurückgeworfen und litten unter dem gestiegenen Stress und Belastungsniveau der Eltern.[18]

Kein Platz für Glück

Der erste Satz der Unabhängigkeitserklärung der USA aus dem Jahr 1776 proklamiert, dass alle Menschen, zur Gleichheit geboren, unveräußerliche Rechte haben, darunter die Rechte auf Leben, Freiheit und auf »Streben nach Glück« (»*Pursuit of Happiness*«).[19] Ein Land, in dem viele Kinder und Jugendliche sich unglücklich fühlen, ist ein Albtraum, der soziale Wirklichkeit geworden ist, eine Politik, die eine solche Situation erzeugt und, wie ab Dezember 2020, vorsätzlich in Kauf nimmt, höchst fragwürdig. Wohlbefinden ist aus kinderethischer Sicht ein zentraler Bestandteil des Kindeswohls. Wenn Kinder und Jugendliche also ein Recht auf Achtung des Kindeswohls und seiner zentralen Bestandteile haben, dann haben sie auch ein Recht auf Achtung ihres Wohlbefindens. Was aber folgt für Dritte, z.B. Eltern oder den Staat, aus einem Recht der Kinder und Jugendlichen auf Wohlbefinden? Man kann ihr Recht achten, indem man sich für ihr Wohlbefinden interessiert und sich danach erkundigt; indem man Handlungen oder Verhaltensweisen unterlässt, die die Kinder unglücklich machen; und indem man sich so verhält und eine soziale Umwelt so gestaltet, dass junge Menschen sich in der Regel eher wohl fühlen und zumindest keine dauerhaften negativen Stimmungen und Gefühle haben. Damit wird offensichtlich, dass dieses Recht auf Achtung des Wohlbefindens nicht nur gegenüber den Eltern besteht. Das soziale Umfeld, die sozialen Bezugspunkte und Bedürfnisse von Kindern und Jugendlichen sind nicht auf ihre (heutzutage oft kleine) Familie begrenzt, sondern gehen weit über diese hinaus. Man muss Kitas und insbesondere Schulen nicht romantisieren oder idealisieren, um zu sagen, dass die Lockdown-Maßnahmen wie die Schließungen dieser Institutionen einen wichtigen Bestandteil des Kindeswohls bzw. das Recht der Kinder und Jugendlichen auf Wohlbefinden massiv verletzt haben. Dies gilt ganz besonders für diejenigen, die sich in ihrem familiären Umfeld nicht wohlfühlen und für die ihre Kita oder Schule ein alternativer sozialer Raum ist, ein Ort des individuellen Wohlbefindens und Gedeihens und damit ein unersetzlicher Lebensbereich in Kompensation zu eventuell belastenden oder dysfunktionalen Familienverhältnissen.

Dass das Wohlbefinden der Kinder und Jugendlichen bei den Entscheidungen der Corona-Politik wie den Schulschließungen weitgehend ignoriert wurde und dass bei Formaten des Distanzunterrichts weitgehend übersehen wurde, dass den Kindern und Jugendlichen dabei mit den sozialen Kontakten gerade das für ihr Wohl Entscheidende verloren ging, lässt sich u.a. mit Verweis auf die folgenden Faktoren erklären, wenn auch nicht rechtfertigen: Im deutschen Gesetz gibt es weder ein Grundrecht auf Kindeswohl generell noch ein Grundrecht der Kinder und Jugendlichen auf Wohlbefinden. In Neuseeland beispielsweise ist »*well-being*« als Staatsziel anerkannt, zu dessen Umsetzung seit 2019 ein eigenes Budget im Haushalt eingerichtet wurde, mit dem u. a. die Schwerpunkte psychische Gesundheit und »*well-being*« von Kindern begleitet werden.[20] »*Well-being*« prägt selbstverständlich auch das Bildungssystem.[21] In Deutschland gibt es auf verschiedenen staatlichen Ebenen, vor allem der kommunalen, natürlich eine Reihe von Einrichtungen und Anstrengungen, die irgendwie zumindest neben anderem auch das Wohlbefinden der Kinder und Jugendlichen zum Ziel haben. Auch gibt es ein großes Engagement vieler einzelner Bürgerinnen und Bürger und von Menschen, die von Berufs wegen mit jungen Menschen zu tun haben, sowie von Gruppen und Verbänden, die sich für sie einsetzen. Dennoch gibt es politisch und gesellschaftlich kein klares Bewusstsein für einen Auftrag, sich um das Wohlbefinden der Kinder und Jugendlichen zu kümmern. Die Bereitschaft, stillschweigend hinzunehmen, dass beachtlich viele Minderjährige unglücklich sind, ist ebenso groß wie die Bereitschaft, Gründe oder Entschuldigungen dafür zu suchen, warum Gesellschaft, Staat und Politik hier nichts unternehmen können. Da wird auf die Eltern verwiesen, die doch eigentlich in der Pflicht stünden – ungeachtet der Tatsache, dass Eltern bei Weitem nicht der einzige relevante Faktor für das Wohlbefinden ihrer Kinder sind und dass manche Eltern bekanntermaßen ihren Kindern de facto wenig Grund für Wohlbefinden bieten. Entsprechend sieht sich der Staat nicht in der Verantwortung oder Mitverantwortung für das Wohlbefinden der Kinder.

Unter den politisch Verantwortlichen und in der Öffentlichkeit schienen sich viele Akteurinnen und Akteure der wichtigen sozialen Funktion, die Schule für Kinder und Jugendliche und ihr Wohlbefinden hat, haben kann (und haben sollte), nicht ausreichend bewusst zu sein. Das Wohlbefinden der Kinder und Jugendlichen gilt *nicht* als wichtiger Aufgabenbereich der Schule. Die Funktion, die der Staat bzw. die Bundesländer dem Schulwesen per Gesetz zuschreiben, ist in erster Linie die der *Bildung* bzw. *Erziehung*.[22] Auf der verfassungsrechtlichen Ebene des Grundgesetzes steht ebenfalls die *Bildung* als Hauptfunktion der Schule im Vordergrund.[23] Dies alles, obwohl das Thema Wohlbefinden in der Schule innerhalb der Erziehungswissenschaften nicht ganz neu und in der Praxis, z.B. im Selbstbild von Schulen, teilweise präsent ist.[24] Die große Mehrheit der Kinder und Jugendlichen in Deutschland ging laut einer Studie aus dem Vor-Corona-Jahr 2019 gerne oder sehr gerne zur Schule, wobei das Wichtigste für die Schülerinnen und Schüler der Kontakt mit anderen war und die Zufriedenheit nach der Grundschule abnahm.[25]

FORDERUNGEN

Mit Blick auf unsere Gesellschaft ergeben sich folgende Forderungen nach grundlegenden strukturellen Veränderungen: Im Zuge der Anerkennung des Kindeswohls muss das Recht der Kinder und Jugendlichen auf Wohlbefinden gesetzlich und politisch anerkannt werden. Konkret müssen z.B. die Schulpolitik, die einzelnen Schulen sowie ihr Personal das Wohlbefinden der Kinder und Jugendlichen als wichtige Aufgabe und als eine notwendige Bedingung für die Legitimität der Schulpflicht anerkennen und fördern. Sie müssen in der Praxis sicherstellen, dass sich Kinder und Jugendliche in der Schule wohlfühlen können. Um ihrer Mitverantwortung für das Wohlbefinden der Kinder und Jugendlichen und ihrer Aufgabe der aktiven Sicherung des kindlichen Wohlbefindens gerecht zu werden, müssen Staat und Gesellschaft soziale Lebens- und Aufenthaltsorte schaffen, an denen Kinder und Jugendliche sich wohlfühlen können und die für Kinder und Jugendliche aus schwierigen und belastenden familiären Verhältnissen eine Ausweichmöglichkeit darstellen. Als solche Orte bieten sich Schulen und Kitas genauso an wie Freizeitzentren.[26]

Die Erfahrungen zum Wohlbefinden der Kinder und Jugendlichen während der Pandemie sollten in die Ziele der Bildung von morgen einfließen. Natürlich wird es weiterhin – auch vor dem Hintergrund der verlorenen Schulzeit – um die Stärkung von Basiskompetenzen gehen. Ergänzend dazukommen sollte aber die Persönlichkeitsbildung und damit die Frage, wie Kita und Schule einen Beitrag zur Verbesserung des Wohlbefindens leisten können. Im Rückblick auf die Pandemie könnte man die Schülerinnen und Schüler im Sinne einer gemeinsamen emotionalen Bewältigung der Pandemie dazu animieren, von ihren persönlichen Erfahrungen aus dieser Zeit zu erzählen, darüber zu schreiben und in einen Dialog zu treten. Ein erster grundsätzlicher Schritt zur Beachtung des Wohlbefindens sollte in dem Bewusstsein bestehen, dass es problematisch ist, Schüler und Schülerinnen mit Lernstoff sowie Leistungsanforderungen und -abfragen zu konfrontieren, wenn man nicht fragt und kaum weiß, wie es ihnen geht. Eine stärkere Beachtung des Wohlbefindens in der Schule könnte etwa darin bestehen, dass Lehrerinnen und Lehrer den familiären Hintergrund der Schülerinnen und Schüler kennenlernen und einen Eindruck davon gewinnen, ob diese zu Hause Unterstützung erfahren, z.B. morgens ein Frühstück bekommen. Einen größeren Stellenwert könnte das Wohlbefinden z.B. erhalten, indem die Räumlichkeiten wie Klassenzimmer, Aufenthalts- und Speiseräume oder der Schulgarten gemeinsam mit den Schülerinnen und Schüler schön und angenehm gestaltet werden. Oder indem Schülerinnen und Schüler stärker einbezogen werden, um Schule als sozialen Ort zu gestalten, und dabei auch selbst Verantwortung erhalten und sich als Akteurinnen oder Akteure wahrnehmen, z.B. indem ältere oder kompetentere Kinder andere, die Bedarf haben, mit Nachhilfe unterstützen.

Das deutsche Schulsystem ist geradezu vernarrt darin, Wissen abzufragen und Noten zu vergeben. Stärker in den Vordergrund rücken sollte, Kinder und Jugendliche emotional zu erreichen, Schule muss zu einem Ort der positiven Lebenserfahrung und der Gemeinschaft werden. Wohlbefinden in der Schule entwickelt sich auch angesichts eines kulturellen Angebots, in Fächern wie Sport, Musik, bildende Kunst, die nicht benotet werden müssen, sondern einen Ausgleich bilden zu Fächern mit kognitivem Schwerpunkt und Leistungskontrollen. Ziel könnte es dabei sein, Sport und Kultur als wichtige Faktoren für Resilienz und lebenslanges Wohlbefinden zu stärken. Wohlbefinden kann im Unterrichtsfach »Glück« eine Rolle spielen, wie es etwa in Niedersachsen, Bayern oder Baden-Württemberg vereinzelt unterrichtet wird, nach dem Vorbild von Schulen in Indien oder dem australischen Vorzeigeprojekt der Geelong Grammar School, wo Kinder von der ersten Klasse bis zum Ende ihrer Schulzeit jede Woche zwei Stunden in Sachen »Wohlbefinden, Emotionsregulierung und Sinnerleben« unterrichtet werden.[27]

Schulen sollten jede Schülerin, jeden Schüler, ihre Eltern sowie die Lehrerinnen und Lehrer mindestens einmal im Jahr zum schulischen und außerschulischen Wohlbefinden der Kinder und Jugendlichen befragen. Die Ergebnisse sollten den Kindern und Jugendlichen selbst, den Eltern und der Öffentlichkeit transparent mitgeteilt werden. Sie sollten über den Umgang mit den Kindern informieren und im Sinne einer datengestützten Schulentwicklung auf den Ebenen der Schule, Schulverwaltung, Kommunen und Landespolitik ausgewertet und für die Schulpraxis genutzt werden. Datenerhebungen über das Wohlbefinden von Kindern und Jugendlichen sollten allgemein gefördert sowie umfassend und kontinuierlich durchgeführt werden.[28] In zukünftigen Krisen oder Ausnahmesituationen sollte die Politik analog handeln. Wenn Teilschließungen von Kitas und Schulen absolut unvermeidbar sind, muss die Basisfunktion von Schule und Kita für das Wohlbefinden der Kinder und

Jugendlichen durch entsprechend differenzierte und gezielte Angebote zumindest für diejenigen Kinder und Jugendlichen aufrechterhalten werden, deren familiäres Umfeld keinen ausreichenden Ersatz leisten kann. Die Auswirkungen von Krisenmaßnahmen auf das Wohlbefinden der Kinder und Jugendlichen sollten regelmäßig, zeitnah und systematisch erfasst und ausgewertet werden (z.B. durch Umfragen der Schulen), um die Krisenpolitik zeitnah zu informieren, fortwährend zu bewerten und gegebenenfalls anzupassen.

5 Das Recht auf Gesundheit: wenn Gesundheitspolitik krank macht

Im Mittelpunkt der Corona-Politik standen die gesundheitliche Bedrohung durch das Corona-Virus sowie Maßnahmen zum Schutz körperlich vulnerabler Bevölkerungsgruppen wie vorerkrankter oder älterer Menschen. Für Kinder und Jugendliche ging durch das Virus in seinen verschiedenen Varianten nur eine geringe gesundheitliche Gefahr aus.[1] Eine bedeutsame gesundheitliche Gefährdung ergab sich für sie erst *infolge* der politischen Maßnahmen, die zum Schutz anderer Bevölkerungsgruppen getroffen wurden. Gesundheit ist gemäß der Definition der Weltgesundheitsorganisation (WHO) »ein Zustand vollständigen körperlichen, seelischen und sozialen Wohlbefindens und nicht nur das Freisein von Krankheit oder Gebrechen«.[2] Für das Verständnis von Gesundheit von Kindern und Jugendlichen ist diese Einbeziehung der psychischen (seelischen) und sozialen Dimensionen besonders wichtig. Kinder und Jugendliche sind keine kleinen Erwachsenen. Sie unterliegen eigenen entwicklungsabhängigen physiologischen und psychischen Bedürfnissen und Gesetzmäßigkeiten, haben spezifische Verletzlichkeiten, aber auch Stärken.

Es hätte allen Verantwortlichen schon bei Ausbruch der Pandemie mit Blick auf die Gesundheit der Kinder und Jugendlichen in Deutschland klar sein müssen, dass viele gesundheitlich vorbelastet, verletzlich und deshalb schutzbedürftig waren und eben nicht widerstandsfähig gegen zusätzliche gesundheitliche Belastungen. Kinder aus Familien mit niedrigem sozioökonomischen Status waren bzw. sind von gesundheitlichen, insbesondere psychischen Problemen, weit überdurchschnittlich betroffen.[3] Jedes vierte Mädchen, fast jeder dritte Junge aus Familien mit niedrigem sozioökonomischen Status ist psychisch auffällig, dagegen nur etwa jedes fünfzehnte Mädchen und jeder achte Junge aus Familien mit hohem sozioökonomischen Status.[4]

Schon bei Ausbruch der Corona-Pandemie war bekannt, dass es in unserer Gesellschaft einen beachtlichen Anteil junger Menschen mit gefährdeter oder beeinträchtigter Gesundheit und gesundheitsgefährdendem Lebensstil gab: Im Jahr 2019 nahmen sich 185 junge Menschen im Alter bis 19 Jahre das Leben,[5] was auf eine weit höhere Dunkelzahl an »erfolglosen« Suizidversuchen in der Altersklasse hinweist. In älteren Schulstichproben berichteten 6,5 bis 9 % der befragten Schülerinnen und Schüler von Suizidversuchen.[6] Eine Elternbefragung zur Gesundheit von Kindern und Jugendlichen (Erhebungszeitraum 2014 bis 2017) bezüglich der Kategorien emotionale Probleme, Probleme mit Gleichaltrigen, Verhaltensprobleme und Hyperaktivität ergab vor der Pandemie folgendes Bild: 16,9 % der 3- bis 17-Jährigen zeigten psychische Auffälligkeiten.[7] 15,4 % der 3- bis 17-Jährigen galten als übergewichtig, 5,9 % als adipös;[8] mehr als drei Viertel der Mädchen und zwei Drittel der Jungen in Deutschland verfehlten die WHO-Bewegungsempfehlung, die bei mindestens sechzig Minuten pro Tag liegt (und die ohnehin nur eine Mindestmaß-Empfehlung ist);[9] fast 20 % der unter 18-Jährigen zeigten Anzeichen einer Essstörung.[10]

Für das Jahr 2019 gaben Jugendliche die Dauer, mit der sie pro Wochen*tag* das Internet nutzten, mit 205 Minuten an, also mehr als drei Stunden.[11] Laut einer DAK-Studie haben 10- bis 18-Jährige sogenannte soziale Medien im September 2019 an Werktagen im Schnitt 116 Minuten und am Wochenende 185 Minuten pro Tag genutzt.[12] 10 % der 10- bis 17-Jährigen (etwa 535 000) wiesen riskantes Nutzungsverhalten für digitale Spiele auf, mit pathologischem Gaming bei 2,7 %. 8,2 % (etwa 438 700) wiesen ein riskantes Nutzungsverhalten für soziale Medien auf, mit einer Häufigkeit für eine Abhängigkeit von sozialen Medien von 3,2 %.

Verschlechterung der Gesundheit

Auf diese häufig schon vorbelasteten oder gesundheitlich gefährdeten Kinder und Jugendlichen trafen die Corona-Maßnahmen. Zahlreiche Studien belegen, dass bestimmte gesundheitliche Belastungen und Probleme bei Minderjährigen während der Pandemie deutlich zugenommen haben. Auch die Erfahrungen von Kinderärztinnen und -ärzten und Vertretern der Kinder- und Jugendpsychotherapie legen dies nahe. Die Zahl der schweren Suizidversuche von Jugendlichen (zwölf bis 17 Jahre) hat sich während des zweiten Lockdowns im Frühjahr 2021 um fast ein Drittel erhöht.[13] Bedeutend zugenommen haben Stressgefühl sowie psychische Auffälligkeiten und Probleme.[14] Die Kinder und Jugendlichen berichteten über ein schlechteres Verhältnis zu ihren Freunden und mehr Streit in den Familien. Die Eltern gaben zudem an, dass Streitigkeiten häufiger eskalierten als vor der Pandemie.[15]

Angststörungen, depressive Zustände und Essstörungen haben in Zahl und an Schweregrad zugenommen.[16] Ein Überblicksartikel (ein sogenanntes Rapid Review), in dem das Robert Koch-Institut 39 Studien über die psychische Gesundheit der Kinder und Jugendlichen in Deutschland während der Pandemie (überwiegend während der ersten Pandemiewelle im Jahr 2020) auswertet, bilanziert: »Zusammenfassend sprechen die Ergebnisse [...] für eine nicht unerhebliche Zunahme psychischer Belastungen bei Kindern und Jugendlichen während der Pandemie, insbesondere während der durch behördliche nichtpharmazeutische Eindämmungsmaßnahmen begleiteten Pandemiewellen.«[17] Neben allgemeinen psychischen Auffälligkeiten nahmen Ängste und Sorgen der Kinder und Jugendlichen im Verlauf der Pandemie deutlich zu. Sie formulierten Ängste vor der Zukunft oder machten sich Sorgen darüber, ob sie mit den schulischen Herausforderungen zurechtkommen würden: »Auch depressive Symptome wie Energielosigkeit,

Hoffnungslosigkeit und Niedergeschlagenheit wurden von den Kindern vermehrt berichtet. Bei vielen Kindern und Jugendlichen äußerten sich die seelischen Belastungen auch in psychosomatischen Beschwerden wie Bauch- und Kopfschmerzen, Gereiztheit und Einschlafproblemen.«[18] Vor allem Mädchen waren in der Pandemie bis einschließlich 2022 wesentlich häufiger als vor der Pandemie bei bestimmten psychischen Erkrankungen so schwer betroffen, dass sie stationär behandelt werden mussten. Bei stationär behandelten Angststörungen gab es in den Jahren 2020 und 2021 einen kontinuierlichen Anstieg, 2022 lagen sie um 35 % höher als 2019. Bei stationär behandelten Essstörungen zeigte sich bei jugendlichen Mädchen ein sprunghafter Anstieg in den Jahren 2020 und 2021, 2022 war die Zahl um 52 % höher als 2019. Stationär behandelte Depressionen bei jugendlichen Mädchen waren nach einem sprunghaften Anstieg 2021 im Jahr 2022 wieder rückläufig, aber immer noch um 24 % höher als 2019. »Die Kinder- und Jugendbevölkerung zeigt sich damit vulnerabler als die Erwachsenenbevölkerung.«[19]

Kinder und Jugendliche haben sich während der Krise (noch) weniger bewegt, Kinderärzte registrierten eine gestiegene Anzahl an Übergewichtigen.[20] Zudem berichteten sie mit Blick auf Übergewicht und Motorik von einem Besorgnis erregenden Bild vieler Kinder in den Untersuchungen zur Einschulung: Kinder im Vorschulalter wiesen deutlich vermehrt Defizite im sprachlichen, motorischen und sozial-emotionalen Bereich auf. »Aus der Region Hannover wird von einem Anstieg des Anteils an übergewichtigen und schwer übergewichtigen Mädchen und Jungen berichtet sowie von einer Verschlechterung der sprachlichen Fähigkeiten, Deutschkenntnisse und Feinmotorik der Fünf- bis Sechsjährigen.«[21] 2022 bilanzierte die Corona-KiTa-Studie: 43 % der Kita-Leitungen sahen im Frühjahr 2022 gestiegene Förderbedarfe in der sprachlichen Entwicklung, 46 % in der motorischen Entwicklung und 58 % in der sozio-emotionalen Entwicklung der von ihnen betreuten

Kinder. In Einrichtungen mit einem größeren Anteil an Kindern aus benachteiligten Verhältnissen lagen die Prozentzahlen noch höher.[22] Die negativen Auswirkungen auf die Gesundheit betrafen vor allem junge Menschen mit individuellen oder familiären Vorbelastungen wie eigene oder familiäre psychische Probleme, Armut bzw. niedriger sozioökonomischer Status und Migrationshintergrund.[23]

Studien zu den Folgen des ersten Lockdowns zeigen bei Kindern und Jugendlichen einen bedeutsamen Anstieg der täglichen Nutzungsdauer sogenannter sozialer Netzwerke im Internet und digitaler Spiele (*gaming*) sowie eine relevante Zunahme von riskantem und pathologischem Nutzungsverhalten sogenannter sozialer Medien und beim Gaming.[24] Nachfolgende Studien bestätigen die alarmierende Entwicklung. Die Zahl abhängiger Kinder und Jugendlicher stieg bei Computerspielen von 2,7 % im Jahr 2019 auf 6,3 % im Juni 2022. Hochgerechnet haben damit rund 330 000 Jungen und Mädchen nach den Kriterien der Weltgesundheitsorganisation (WHO) eine krankhafte Gaming-Nutzung mit schweren sozialen Folgen. Rund 2,2 Millionen Kinder und Jugendliche nutzen Gaming, Social Media oder Streaming problematisch, das heißt, sie sind von einer Sucht gefährdet oder bereits betroffen. Im Bereich Social Media verdoppelte sich die Mediensucht von 3,2 auf 6,7 % mit rund 350 000 Betroffenen. Rund 1,8 Millionen Kinder und Jugendliche zeigen eine problematische Nutzung bei Computerspielen und oder sozialen Medien.[25] Besorgnis erregend ist auch, dass sich gesundheitsgefährdende Mediennutzung als Teil des Lebensstils auch nach Corona verfestigt hat. Zwar gab es nach einem ersten deutlichen Anstieg im ersten Lockdown zunächst einen Rückgang der Mediennutzung, allerdings setzte sich diese positive Entwicklung nicht durch. Nach der Pandemie sind die Zahlen wesentlich höher als vor der Pandemie: »Im Juni 2022 lagen die Nutzungszeiten beim Gaming mit 115 Minuten an Werktagen knapp 34 Prozent höher als im

September 2019 vor der Pandemie. Einen ebenso deutlichen Anstieg gab es im gleichen Zeitraum bei den sozialen Medien mit 35,5 Prozent von 121 Minuten auf 164 Minuten täglich.«[26] Die Zeiten für Fernsehen, Computer-Spiele, das Nutzen von sozialen Online-Netzwerken stiegen deutlich an: von 3,8 Stunden pro Tag vor den Schulschließungen auf 5,1 Stunden pro Tag während des ersten Lockdowns. Dieser Trend hielt an. Ein Jahr später verbrachten junge Menschen im Schnitt noch 4,6 Stunden pro Tag mit von ihren Eltern als eher »schädlich« eingeordneten Tätigkeiten.[27] Wenn man bedenkt, dass es sich bei diesen Zahlen um den Durchschnitt handelt und es sicher auch Kinder und Jugendliche gibt, die eher wenig Zeit mit Fernsehen und digitalen Medien verbringen, wird klar, dass andere einen Großteil ihres Tages mit Medienkonsum verbringen.

Rainer Thomasius, Ärztlicher Leiter des Deutschen Zentrums für Suchtfragen des Kindes- und Jugendalters am Universitätsklinikum Hamburg-Eppendorf, ordnet die Entwicklungen und ihre komplexen Auswirkungen auf Gesundheit und Entwicklung wie folgt ein: »Kinder und Jugendliche stellen aufgrund nicht abgeschlossener neuronaler Reifungsprozesse sowie umfangreicher in der Adoleszenz zu bewältigender Entwicklungsaufgaben eine besonders vulnerable Gruppe für die Herausbildung problematischer Muster in der Nutzung digitaler Medien dar. […] Sie gehen häufig mit komorbiden psychischen Störungen, wie Depression, sozialen Ängsten, Aufmerksamkeitsdefizit-Hyperaktivitätsstörung (ADHS) sowie Schulabsentismus einher und drohen bei Nicht-Behandlung zu chronifizieren und zu erschwerten schulisch-beruflichen Perspektiven zu führen. […] Die psycho-soziale Reifung ist gefährdet.«[28]

Vor diesem Hintergrund wird der Ruf nach Aufklärung und Prävention laut.[29] Andere Länder gehen weiter und nehmen die profitorientierten Gefahrenerzeuger in die Pflicht: China etwa, zugegebenermaßen nicht bekannt für die Achtung von Menschenrechten, plant die Einführung von Regeln, um Kinder und Jugendliche an exzessiver Internetnutzung zu hindern.[30] In den USA haben mehr als 36 Bundesstaaten eine Klage gegen den Internetkonzern Meta eingereicht, dem sie vorwerfen, Kinder und Jugendliche mit seinen Angeboten wie Facebook und Instagram aus Profitstreben zu manipulieren und zu gefährden.[31]

Angesichts der vielseitigen Auswirkungen der Pandemie auf Kinder und Jugendliche ist es nicht leicht zu bestimmen, wodurch konkret ihre Gesundheit gefährdet oder nachhaltig geschädigt wurde. Natürlich dürften junge Menschen generell durch Sorgen, Anspannung und Ängste in ihren Familien oder im weiteren sozialen Umfeld belastet worden sein. Bezieht man die Perspektive der Kinder und Jugendlichen mit ein, nimmt die genannten Studien sowie Berichte von Ärztinnen und Ärzten, Psychotherapeutinnen und -therapeuten hinzu, so liegt es auf der Hand: neben Extremsituationen durch schwere Erkrankungsfälle im unmittelbaren familiären Umfeld hatten vor allem jene Maßnahmen negative Auswirkungen auf ihre Gesundheit, die den Alltag und ihr Sozialleben direkt und einschneidend betrafen, d.h. die Schließungen von Schulen, Kitas, Spiel- und Sportplätzen, von Sport- und Kulturvereinen sowie anderer Orte von Freizeit, Bewegung, Spiel, die auch das Zusammensein mit Gleichaltrigen verhinderten.

Im Anschluss an den ersten Lockdown – der am 16. März 2020 beschlossen wurde, am 22. März in Kraft trat und am 4. Mai 2020 endete – gab es nicht nur Hinweise auf Belastungen und Gefährdungen junger Menschen, sondern auch Handlungsempfehlungen: »Zum Schutz und Erhalt der psychischen Gesundheit von Kindern und Jugendlichen während Krisensituationen werden zielgruppenspezifische und niedrigschwellige Angebote der Prävention und Gesundheitsförderung benötigt.«[32] Dies hätte beim zweiten Lockdown mit Schließungen von Kitas und Schulen Anlass für bestimmte Vorgehensweisen und Unterstützungsangebote sein können: z.B. die systematische Einbeziehung von Kinderärztinnen und -ärzten in die politischen Beratungen, die Einbeziehung und Anhörung von jungen Menschen selbst, ein kontinuierliches Monitoring mit systematischer Datenerfassung über die Gesundheitsentwicklung der Minderjährigen, die gezielte Ansprache sowie Unterstützungsprogramme von Risikogruppen, um betroffene Kinder und Jugendliche frühzeitig zu erkennen, vor weiteren Belastungen zu verschonen und zu unterstützen; Aufklärungs- und Präventionsprogramme über Schule, Medien und soziale Netzwerke, um Minderjährige auf die gesundheitlichen Gefahren und Selbsthilfemöglichkeiten im Lockdown sowie über Anlaufstellen, Ansprechpersonen und Unterstützungsmöglichkeiten aufmerksam zu machen; und spezielle Bewegungs- und Sportangebote im Freien. Von all diesen und weiteren Möglichkeiten wurde während des zweiten Lockdowns – der für manche von Mitte Dezember 2020 bis zum Frühsommer 2021 andauerte und auf den teilweise nahtlos die Sommerferien folgten – sehr wenig umgesetzt. Obwohl bereits im Januar 2021 öffentliche Stimmen ausdrücklich warnten, wie z.B. Dominik Schneider, der Direktor der Westfälischen Kinderklinik Dortmund. Mit Blick auf deutsche und internationale Studien wies er darauf hin, dass die psychische Belastung unter Kindern und Jugendlichen deutlich zugenommen habe, ebenso die Rate von depressiven Störungen, von pathologischem Spielverhalten und Medienkonsum sowie schlechte Ernährung und Gewichtszunahme. »Wir sehen Kinder aus dem Dortmunder Süden, die bei uns kollaptisch in die Klinik kommen, weil sie über eine Woche kaum geschlafen haben, sondern nur kontinuierlich Computer gespielt haben – mit zwei, drei Stunden Schlaf.«[33] Die Entscheidungsträger, einschließlich die in der Corona-Politik federführenden Ministerinnen und Minister für Gesundheit auf Bundes- und Landesebene, sahen in den Hinweisen und Hilferufen aber kaum einen Anlass zum Überdenken und Ergänzen der laufenden Maßnahmen.

Im weiteren Verlauf stellte sich heraus, dass viele Kinder und Jugendliche, die unter den Corona-Maßnahmen die erwähnten psycho-sozialen gesundheitlichen Auffälligkeiten oder Probleme entwickelten oder bei denen sich diese verschärft hatten, oft nicht zeitnah und angemessen ärztlich bzw. psychotherapeutisch behandelt werden konnten.[34] Engpässe und Mangelwirtschaft gehörten schon vor der Pandemie zum bekannten kinderärztlichen Alltag und waren Teil des Systems, insbesondere im stationären Bereich der Kinderkliniken und im Bereich der psychologischen Kinder- und Jugendpsychotherapie. Das herrschende System der Fallpauschalen (*disease-related-groups*) für die Abrechnung klinischer Behandlungskosten wurde und wird noch immer der ressourcenaufwändigen Behandlung von Minderjährigen oft nicht gerecht, so dass Kinderabteilungen für jedes Klinikum (bzw. sein Management) ein finanzielles Risiko oder Defizitgeschäft bedeuten und seit 1991 viele verkleinert oder geschlossen wurden.[35] Hilferufe von Kinderabteilungen und Kinderärztinnen und -ärzten bzw. von ihren Gesellschaften verhallten ebenso politisch unbeachtet wie erschütternde wissenschaftliche Studien und Medienberichte über die mangelhafte stationäre Versorgung von Kindern.[36] Minderjährige wurden gesundheitlichen Risiken und Gefahren ausgesetzt, von denen man wusste, dass man sie im Falle ihres Eintretens aufgrund mangelnder pädiatrischer und psychotherapeutischer Kapazitäten nicht angemessen und zeitnah behandeln können würde. Während die Corona-Schutzmaßnahmen dazu dienten, die Intensivstationen der Kliniken vor Überlastungen zu schützen und die Not und Notwendigkeit der Triage zu vermeiden, fand in der Kinder- und Jugendpsychiatrie Triage stillschweigend statt, wenn auch nicht zwischen Kindern und Jugendlichen in akuter Lebensgefahr.[37]

Gesundheit als Wert und Recht

Dass ausgerechnet die Gesundheitspolitik während der Corona-Pandemie viele junge Menschen gesundheitlich massiv belastete, ist bitter.[38] Denn Gesundheit ist für Kinder und Jugendliche besonders wertvoll. Körperliche und seelische Gesundheit ist eine wichtige Voraussetzung für die Entwicklung und individuelle Entfaltung zu einer autonomen Person mit offener Zukunft und vielen Chancen. Gesundheit ist von grundlegender Bedeutung für das aktuelle und zukünftige Wohlbefinden der jungen Menschen und für eine Reihe weiterer Einzelelemente des Kindeswohls wie soziale Teilhabe, Selbstvertrauen und Selbstachtung, Bildung und die Entwicklung geistiger und körperlicher Fähigkeiten. Mehr noch als im Erwachsenenalter ist Gesundheit in Kindheit und Jugend ein Grundgut, das für jeden vernünftigen Lebensplan wünschenswert und vorteilhaft ist. In Anknüpfung an die Philosophin Martha Nussbaum ist Gesundheit als Fähigkeit und Funktion, gesund zu sein, ein wichtiger Aspekt eines guten und selbstbestimmten Lebens.[39] Regierungen müssen sich laut Nussbaum um die Gesundheit der Bürgerinnen und Bürger kümmern. Die Gerechtigkeit von Regierungshandeln und Gesellschaften bemisst sich für Nussbaum auch an der Frage, ob Bürgerinnen und Bürger zu einem Mindestniveau an Gesundheit befähigt sind.[40] Wegen ihrer schädlichen Auswirkungen auf andere Lebensbereiche wurden nachhaltige Gesundheitsprobleme wie z.B. Adipositas auch als »korrosive Nachteile« bezeichnet.[41]

Aus ethischer Sicht gibt es gute Gründe dafür, jungen Menschen ein Recht auf Gesundheit zuzusprechen. Hinzu kommt, dass auch die Allgemeinheit ein Eigeninteresse daran hat, dass Kinder und Jugendliche sich gesund entwickeln, damit sie leistungsfähige Bürgerinnen und Bürger werden und das Gesundheitswesen (und andere Versicherungssysteme) möglichst wenig belasten. Dennoch haben Minderjährige, ebenso wenig wie Erwachsene, in Deutschland ein grundgesetzliches Recht auf Gesundheit.[42] Nur die (von Deutschland ratifizierte, aber wenig verbindliche) UN-Kinderrechtskonvention (Art. 24) enthält ein Recht von Kindern und Jugendlichen auf das »erreichbare Höchstmaß an Gesundheit« und medizinische Versorgung im Krankheitsfall. Das Recht auf Gesundheit muss in ein gesetzlich verankertes wirksames Recht umgesetzt werden, das entsprechend der oben zitierten WHO-Definition Gesundheit in einem breiten Sinn versteht und ausdrücklich neben der körperlichen auch die psychische Gesundheit umfasst. Das Recht auf Gesundheit muss des Weiteren so verstanden werden, dass es eine ganze Reihe an gesundheitsbezogenen Ansprüchen (»Mikrorechten«) umfasst: Anspruch darauf, von gesundheitsgefährdenden Handlungen oder Eingriffen Dritter verschont zu bleiben; Anspruch darauf, vor existierenden Gesundheitsgefährdungen geschützt zu werden; Anspruch auf eine gesundheitsförderliche Umwelt; Anspruch auf die Ausübung von Tätigkeiten wie Bewegung und Sport, die für die Gesundheit notwendig oder förderlich sind; Anspruch auf Krankheitsprävention; Anspruch auf Aufklärung und das Erlernen von Gesundheitskompetenzen (*health literacy*); Anspruch auf bedarfsgerechte und zeitnahe ärztliche und psychotherapeutische Versorgung im Falle von gesundheitlichen Problemen, Störungen oder Erkrankungen; Anspruch auf (Ermöglichung und Finanzierung von) Forschung zu Gesundheit und Erkrankungen von Kindern und Jugendlichen, von der Grundlagenforschung über klinische Studien bis hin zur öffentlichen Gesundheit (*public health*) der Minderjährigen als Bevölkerungsgruppe. Wichtig für die praktische Relevanz und wirksame Anwendbarkeit des derart verstandenen Rechts der Kinder und Jugendlichen auf Gesundheit ist es, Gesundheitsgefährdung in einem weiten Sinne aufzufassen und gemäß einem Vorsorge- und Vorsichtsprinzip auszulegen. Dabei müssen auch die Lebensrealitäten und gesundheitlichen Verletzlichkeiten der großen

Gruppe von benachteiligten bzw. gefährdeten Kindern in Rechnung gestellt werden. Wenn man hingegen den Begriff der Gesundheitsgefährdung allein nach dem Kriterium auslegt, ob etwas für starke Kinder und Jugendliche mit mannigfachen individuellen, familiären und sozialen Ressourcen gesundheitlich gefährlich ist, dann können Regierungen, Gesetzgeber oder Unternehmen, die mit ihren Maßnahmen oder Produkten Gesundheitsgefahren für Minderjährige nicht verhindern oder sogar erzeugen, stets jede Verantwortung mit der Ausrede zurückweisen, dass ihre Maßnahmen oder Produkte nicht bei allen zu gesundheitsschädlichen Auswirkungen führen.

Wenn junge Menschen aus ethischen Gründen ein derart umfassendes Recht auf Gesundheit haben, so zeigt sich, dass dieses Recht auf Gesundheit während der Pandemie auf vielfältige und teilweise schwerwiegende Weise missachtet und verletzt wurde: Maßnahmen wie Kontaktsperren und die Schließungen von Schulen, Kitas und Sportvereinen verletzten den Anspruch der Kinder und Jugendlichen darauf, von gesundheitsgefährdenden Eingriffen und Handlungen verschont zu bleiben. Die Maßnahmen verletzten auch ihren Anspruch auf eine gesundheitsförderliche Umwelt und auf Möglichkeiten, gesundheitsförderliche spielerische und sportliche Aktivitäten auszuüben. Es wurde wenig bis nichts getan, um die durch die einschneidenden Maßnahmen neu zugeschnittene gesundheitsabträgliche soziale Umwelt der Kinder gesünder zu gestalten, z. B. durch das gezielte Bereitstellen von Spielbereichen oder Sportplätzen im Außenbereich. Indem es keine systematischen und gezielten Anstrengungen gab, um die (ohnehin schon verletzlichen oder gefährdeten) jungen Menschen vor den durch die Maßnahmen erzeugten gesundheitlichen Gefährdungen zu schützen, wurde ihr Anspruch auf Schutz vor Gesundheitsgefährdungen weitgehend vernachlässigt. Gleichzeitig schaute man mit passiver Gleichgültigkeit dabei zu, wie Internetunternehmen die viele betreuungsfreie und beschäftigungslose Zeit junger Menschen ohne Verantwortung nutzten, um an den Usern noch mehr Geld zu verdienen. Dabei gibt es neben den (zweifellos existierenden) Vorteilen digitaler Medien auch medizinische Gründe, eine übermäßige Nutzung digitaler bei Kindern und Jugendlichen mit Sorge zu sehen.[43]

FORDERUNGEN

Vor dem Hintergrund der vorangehenden Analysen muss aus kinderethischer Sicht in vergleichbaren Situationen in Zukunft vor allem Folgendes unternommen werden: Die körperliche und psychosoziale Gesundheitsfunktion von Schule, Kitas und Sportvereinen muss größeres Gewicht erhalten. Es ist aus früheren Untersuchungen bekannt, »dass Aktivitäten, Sport, soziale Kontakte und Unterstützung wichtige Ressourcen in der Vorbeugung einiger psychischer Erkrankungen sind«.[44] Gesundheitliche Auswirkungen von Maßnahmen auf Kinder und Jugendliche müssen im Sinne eines Monitorings ihrer Gesundheit systematisch erkundet und analysiert werden, z.B. durch Befragungen oder die Erhebung von »Echtzeitdaten« aus Kliniken und Praxen. Die jungen Menschen sowie Expertinnen und Experten für kindliche Gesundheit müssen in Entscheidungsverfahren angehört und einbezogen werden. Die Gesundheit von Kindern und Jugendlichen mit besonderen gesundheitlichen Vorbelastungen oder Verletzlichkeiten muss bei allen Maßnahmen differenziert betrachtet und besonders geschützt werden. Bei absehbaren gesundheitlichen Belastungen müssen von Beginn an Ressourcen aufgebaut werden, um Betroffenen eine zeitnahe und bedarfsgerechte ärztliche oder psychotherapeutische Versorgung zukommen zu lassen. Soziale Netzwerke (Facebook, TikTok, Instagram etc.) müssen Zeit und Raum für gesundheitliche Aufklärungs- und Präventionskampagnen zur Verfügung stellen.

Die Corona-Politik konnte vor dem Hintergrund einer bereits bestehenden prekären oder schlechten Gesundheitslage vieler Kinder und systemischer Mängel zu gesundheitlicher Gefährdung und Schädigung führen. Zur Verbesserung der Lage und zur effektiven Durchsetzung der verschiedenen Aspekte eines Rechts auf Gesundheit sind eine Vielzahl von Schritten, Reformen und letztlich eine angemessene Finanzierung notwendig, z.B. für eine ausreichende Ausstattung von Kinderkliniken. Der Gesetzgeber sollte ein gesetzliches Grundrecht der Kinder und Jugendlichen auf Gesundheit einführen, das die oben erwähnten unterschiedlichen Ansprüche (»Mikrorechte«) umfasst. Die Schulen sollten zu einem Ort der Gesundheit werden, an dem es nicht nur im Unterricht, sondern auch außerhalb und zusätzlich zum Schulunterricht gesundheitsförderliche Aktivitätsangebote, gesundes Schulessen, Aufklärung und Informationen rund um die Themen Gesundheit und Gesundheitsschutz sowie niederschwellige Vernetzungen zu gesundheitlichen oder medizinischen Beratungs- und Unterstützungsstellen gibt. Die Gelder und Ressourcen dafür müssen dabei auch von den Industriezweigen und Unternehmen kommen, für die die Verbreitung (oder das Bewerben) von Produkten, die für Kinder und Jugendliche gesundheitsgefährdend sind, zum profitablen Geschäftsmodell gehört. Die Internetindustrie muss gesetzlich dazu verpflichtet werden, entsprechende gesundheitliche Aufklärungs-, Präventions- und Schutzkampagnen in ihre Angebote zu integrieren. Außerdem sollten die Anbieter verpflichtet werden, dass Kinder und Jugendliche eine Maximaldauer an außerschulischer Mediennutzungszeit pro Tag nicht überschreiten. Internetfirmen, die alle Daten ihrer minderjährigen User einsammeln und vernetzen können und dank milliardenschwerer Forschungs- und Entwicklungsabteilungen in KI-Entwicklung und anderen Bereichen führend sind, sollten auch dazu in der Lage sein, in gegenseitiger Abstimmung die tägliche Gesamtnutzungsdauer zu begrenzen, z.B. auf eine Stunde für unter Zwölfjährige und zwei Stunden für 13-

bis 16-Jährige. Generell muss es eine viel aktivere und sichtbarere öffentliche Gesundheitspolitik geben, die junge Menschen und Eltern mit Informationskampagnen und Präventions- und Beratungsangeboten erreicht. Schulen und Kindertagesstätten als Institutionen mit besonders leichtem Zugang zu einem Großteil der Kinder und Jugendlichen sollten in Zusammenarbeit mit der Wissenschaft einmal im Jahr durch systematische und bundesweit einheitliche und vergleichbare Umfragen unter Kindern, Jugendlichen, Eltern und pädagogischem Personal Daten zur Gesundheitslage junger Menschen erheben und der Wissenschaft und Öffentlichkeit zur Verfügung stellen.

6 Die Kosten der Pandemie:
Armut, Reichtum und Schulden

Unter den massiven finanziellen und wirtschaftlichen Auswirkungen der Pandemie und Corona-Politik sind auch solche, von denen besonders junge Menschen betroffen waren und noch lange sein werden. Die entsprechenden finanziellen und wirtschaftlichen Auswirkungen zu erfassen oder als »Kosten für Kinder und Jugendliche« genau zu beziffern, ist schwierig bis unmöglich und letztendlich eine Frage der Herangehensweise und Definition. Zu den konkret bezifferbaren Kosten könnten z.B. Leistungen zählen, die den jungen Menschen durch die Corona-Politik entgangen sind. Geht man beispielsweise davon aus, dass die Auswirkungen der Schulschließungen einem Totalausfall an Schulunterricht von drei Monaten entsprechen, dann könnte man die Summe von ca. 9200 Euro[1], die der Staat 2021 pro Schülerin und Schüler und Jahr aufbrachte, auf die drei Monate Unterrichtsausfall (ca. ein Drittel des Unterrichts pro Schuljahr) umlegen und käme auf eine Kostengröße von ungefähr 3066 Euro pro Kopf. Zahlreiche negative Auswirkungen der Pandemie-Politik auf Kinder und Jugendliche lassen sich allerdings nicht in Geldsummen beziffern.

Die Verschlechterungen im Bereich der körperlichen und seelischen Gesundheit machten das Leben für Minderjährige und ihre Familien sofort schwieriger und teurer. Im sozialen Bereich konnten junge Menschen in entscheidenden Zeitfenstern ihrer Entwicklung wesentlich weniger Erfahrungen sammeln und Kompetenzen erwerben, die nicht nur für die Entwicklung ihrer Persönlichkeit wichtig sind, sondern nachweislich mittel- und langfristig auch für Chancen und Erfolg im späteren beruflichen Leben. Bezüglich der Folgen der Lerneinbußen durch Schulschließungen gehen einige Ökonomen davon aus, dass sich als Langzeitfolgen gewisse Minderungen und Einbußen bei der Entwicklung beruflicher Kompetenzen, den Chancen auf dem Arbeitsmarkt, der Produktivität und dem Einkommen ergeben, die auf beachtliche Summen im Leben eines Einzelnen und für die Volkswirtschaft insgesamt hinauslaufen könnten.[2] Bildungsökonom Ludger Wößmann zeigte bereits im Juni 2020 auf, dass ein Verlust etwa eines Drittels des Schuljahres mit einem späteren geringeren Erwerbseinkommen von rund 3 bis 4 % einhergeht.[3] Wößmann bezieht sich auf Studien über die Folgen von längeren Schulausfällen bzw. Schulzeitverkürzungen in der Vergangenheit: die zwei Kurzschuljahre in Deutschland in den sechziger Jahren oder auch mehrmonatige Lehrerstreiks in Belgien, Kanada und Argentinien. Diese hätten gezeigt, dass ausbleibender Schulunterricht zu geringeren Kompetenzzuwächsen, niedrigeren Bildungsabschlüssen, schlechteren Arbeitsmarktchancen und Gehaltseinbußen von ca. 2 bis 5 % führen könnten. Die Auswirkungen von Unterrichtsausfall bezögen sich dabei nicht nur auf kognitive Kompetenzen, Folgen seien auch für die sozial-emotionale und motivationale Entwicklung der Betroffenen zu erwarten. Aus Studien über die Auswirkungen langer Schulferien in den USA, die bei Schülern und Schülerinnen aus sozioökonomisch schwächeren Familien eine Kompetenz*abnahme* über die mehrmonatige sommerliche Schulschließungen belegen, folgert Wößmann: »Geschlossene Schulen bedeuten also nicht nur Stillstand, sondern starken Rückschritt.«[4] Grundsätzlich gäbe es in der empirischen Wirtschaftsforschung kaum robustere Befunde als den positiven Einfluss von Schulbesuch und Kompetenzerwerb auf wirtschaftlichen Wohlstand. Anders formuliert: Auf Dauer ist nichts teurer als schlechte oder keine Bildung. In einer großen Folgestudie bekräftigten die Autoren Werner und Wößmann anhand eigener sowie internationaler Forschungsergebnisse: Alle Analysen deuten darauf hin, dass die Pandemie einen großen Teil der betroffenen Schüler und Schülerinnen mit Verlusten bei der Entwicklung von Fähigkeiten und Kompetenzen zurücklasse, was langfristig wahrscheinlich substanzielle wirtschaftliche Auswirkung haben werde.[5]

Zunahme an Armut und Reichtum

Für Kinder und Jugendliche aus bildungsstarken oder wohlhabenden Familien mögen die negativen finanziellen und wirtschaftlichen Auswirkungen weniger problematisch sein. Die meisten von ihnen werden trotz allem noch gute Bildungsabschlüsse und lukrative berufliche Positionen erreichen und darüber hinaus später wahrscheinlich – wenn sie in den alten Bundesländern aufwachsen, noch wahrscheinlicher – auch Vermögen erben. Härter sind hingegen diejenigen aus armen oder prekären Familien betroffen. Schon vor der Pandemie war bekannt, dass Minderjährige in Deutschland in großem Umfang von Armut betroffen sind: 2,8 Millionen, d. h. 21,3 % und somit mehr als jedes fünfte Kind in Deutschland, waren von Armut betroffen.[6] Mit Blick auf die Vor-Corona-Jahre stellt eine Studie im Juli 2020 fest: »Die Kinder- und Jugendarmut verharrt seit Jahren auf diesem hohen Niveau. Trotz langer guter wirtschaftlicher Entwicklung sind die Zahlen kaum zurückgegangen. Kinderarmut ist seit Jahren ein ungelöstes strukturelles Problem in Deutschland.«[7]

Wie vor der Pandemie war auch während der Pandemie das Bewusstsein für Kinder und Jugendliche aus armen Verhältnissen schwach, z. B. dafür, was es für sie bedeutete, die Aufenthalts- und Lebensorte Schule, Kindergarten, Sportplatz und Spielplatz zu verlieren und zu Hause festzusitzen. Mit Schließung der Schulen und anderer Einrichtungen fielen auch kostenlose warme Mahlzeiten oder kostenfreie Sport- und Hobbyangebote weg, die gerade für junge Menschen aus finanziell schwachen Verhältnissen wichtig sind. Die Diakonie Deutschland schlug im Januar 2021 Alarm: »Das Schulessen aus dem Bildungs- und Teilhabepaket erreicht viele bedürftige Kinder nicht mehr, obwohl diese auch zuhause eine warme Mahlzeit dringend bräuchten.«[8] Werner und Wößmann unterstreichen 2023 die besondere und vielschichtige Betroffenheit von Kindern und Jugendlichen aus sozioökonomisch schwachen Familien: diese empfanden die Schulschließungen als besonders belastend für ihr Wohlbefinden, hatten weniger Online-Kontakt zu Lehrerinnen und Lehrern, verbrachten zu Hause weniger Zeit mit Lernen und lernten weniger konzentriert und effektiv als Kinder und Jugendliche aus Familien mit höherem Bildungs- und sozioökonomischen Status. Und die Schüler und Schülerinnen, die ohnehin schon in der Schule leistungsschwach waren, ersetzten die stark reduzierte Lernzeit überproportional stark mit potenziell schädlichen Tätigkeiten wie Fernsehen oder Computerspielen. Der Lern-Input der Schüler und Schülerinnen änderte sich während der Pandemie in einer Weise, die die bereits existierende Bildungsungleichheit verstärkte. Wenig verwunderlich kommt die Studie zu dem Schluss: Die Auswirkungen der Schulschließungen werden wahrscheinlich die zukünftige Bildungsungleichheit und die wirtschaftliche Ungleichheit verschärfen.[9]

Während die Armut in der Gesamtgesellschaft im ersten Corona-Jahr 2020 wohl auch wegen staatlicher Unterstützungsmaßnahmen nicht zunahm, stieg die Armutsquote um 600 000 Menschen auf 16,6 % im zweiten Pandemie-Jahr 2021.[10] Der Paritätische Gesamtverband misst gemäß seinen Parametern für 2021 einen Anstieg der Kinderarmut um fast 1 % gegenüber den Vorjahren und betont: Mehr als jedes fünfte Kind in Deutschland ist von Armut betroffen.[11] Das Vermögen von Reichen und Superreichen hat sich hingegen während der Pandemie-Jahre weiter erhöht. Der Punktestand des DAX am 31. Januar 2020, d. h. kurz vor Ausbruch der Pandemie, betrug 13 876 Punkte, zwei Jahre später, am 31. Januar 2022, 15 471 Punkte. Im Corona-Jahr 2021 verdienten die DAX-Unternehmen mit 128,5 Milliarden Euro Netto-Gewinn so viel wie nie zuvor, nach immerhin noch 45,6 Milliarden Euro im ersten Corona-Jahr 2020.[12] Im Frühjahr 2022 schütteten die Dax-Konzerne nach »nur« ca. 36 Milliarden Euro im Vorjahr 2021 die Rekordsumme von 51 Milliarden Euro an ihre Aktionäre aus.[13] Laut OXFAM haben die zehn reichsten Deutschen seit Beginn der Pandemie bis Ende 2021 ihr Vermögen um ca. 122 Milliarden Euro gesteigert, was allein dem Gesamtvermögen der ärmsten 40 %, also von 33 Millionen Deutschen, entspreche.[14]

Auch wenn *Kinderarmut* in den Statistiken rein finanziell definiert wird, wirkt sich *Armut* weit über rein finanzielle oder materielle Dimensionen hinaus aus und zieht nahezu alle wichtigen Aspekte des Kindeswohls wie Autonomieentwicklung, Wohlbefinden, Chancen, Gesundheit, Bildung, Selbstachtung, soziale Teilhabe oder soziale Beziehungen in Mitleidenschaft, und zwar jetzt und in der Zukunft.[15] Junge Menschen aus armen oder prekären Familien haben durch die Auswirkungen der Pandemie nochmals verschlechterte Chancen und Aussichten auf ein späteres stabiles Beschäftigungsverhältnis und einen sozialen Aufstieg aus der Armut.[16] Für sie erhöht sich die Gefahr, in festgefahrenen Verhältnissen aus Armut, geringer Bildung, Gesundheitsproblemen und anderen strukturellen Belastungen stecken zu bleiben – und die prekären Lebensbedingungen ihrer Familien zu erben und fortzuführen. Zu diesem Risiko trägt nicht zuletzt auch der durch die Pandemie nochmals beschleunigte Strukturwandel in der Wirtschaft in Richtung Digitalisierung und Automatisierung bei. Erfahrungsgemäß treffen Strukturwandel des Arbeitslebens insbesondere Menschen mit niedrigem Bildungs- und Qualifikationsniveau und damit potenziell Eltern von Kindern aus ärmeren Verhältnissen und, nach Ende der Schulzeit, auch diese selbst durch niedrige oder fehlende Abschlüsse. Bildung ist einer der wichtigsten Faktoren für die Aussicht auf eine stabile Beschäftigung, für den Schutz vor negativen Auswirkungen des Strukturwandels und für einen sozialen Aufstieg. Um die Bildung junger Menschen aus sozial schwächeren Familien stand es schon vor der Pandemie schlecht – durch die Corona-Politik wurde sie de facto über Monate nahezu auf null gesetzt.

Viele Schulden ohne Mitsprache

Welche finanziellen Maßnahmen hat die Bundesregierung mit Blick auf Kinder und Familien getroffen? Teil der Corona-Politik war die Bereitstellung finanzieller Unterstützung und Hilfen. Maßnahmen zur Unterstützung von Familien, von denen Kinder indirekt profitieren konnten, waren z.B. die einmaligen Kinderbonuszahlungen in den Jahren 2020 (300 Euro) und 2021 (150 Euro),[17] die sich auf Gesamtkosten von etwa 6,3 Milliarden Euro summieren.[18] Einige zielten auf die Unterstützung von Alleinerziehenden ab. Das speziell auf Kinder und Jugendliche ausgerichtete Aktionsprogramm »Aufholen nach Corona für Kinder und Jugendliche« umfasste insgesamt zwei Milliarden Euro: eine Milliarde für das Aufholen von Lernrückständen, eine Milliarde für die Bereiche »frühkindliche Bildung, zusätzliche Sport-, Freizeit- und Ferienaktivitäten sowie Unterstützung für Kinder und Jugendliche im Alltag« für die Jahre 2021 und 2022.[19] Diese Unterstützungsmaßnahmen und Hilfen sind zunächst zu begrüßen. Im Verhältnis zu Hilfen für andere Bereiche und angesichts der Belastungen der jungen Menschen während der Pandemie wird aber klar: Das reicht nicht aus. In den Jahren 2020 und 2021 hat die Bundesregierung z.B. die deutsche Wirtschaft mit rund 130 bis 140 Milliarden Euro gestützt, darunter Direktzahlungen (ca. 60 Milliarden) sowie Kredite und Kostenübernahmen im Rahmen des Kurzarbeitergeldes.[20] Ein kurzer Blick ins Ausland verdeutlicht die geringe finanzielle Unterstützung deutscher Schülerinnen und Schüler etwa gegenüber jungen Menschen in den Niederlanden: »Während Deutschland in seinem nationalen Kompensationsprogramm rund 2 Milliarden Euro für Kinder und Jugendliche und deren Lernrückstände investiert, stellen die Niederlande rund 8,5 Milliarden Euro für ein nationales Bildungsförderungsprogramm zu Verfügung (Regierung der Niederlande 2021)«, so ein Ländervergleich aus dem 2021.[21] Diese Summe entsprach 1,06 % des jährlichen niederländischen Bruttoinlandsproduktes (BIP) und lag damit wesentlich höher als die entsprechenden Ausgaben in Deutschland. Das Geld wurde in den Niederlanden u. a. investiert, um kostenlose Nachhilfe bereitzustellen oder mehr Lehrkräfte und Lehrassistenten einzustellen.

Die erwähnten zwei Milliarden Euro für Kinder und Jugendliche beruhten nicht auf einer Bedarfsanalyse oder Analyse der Folgen der Pandemie und Corona-Politik. Es gibt auch keine Hinweise darauf, dass junge Menschen beim Auflegen des Zwei-Milliarden-Programms angehört oder beteiligt wurden. Die Hilfen haben auch keine politischen oder öffentlichen Diskussionen und Analysen über die Auswirkungen und Kosten der Pandemie für Kinder und Jugendliche angeregt. Die mit der Summe an den Schulen durchgeführten Maßnahmen reichten offensichtlich nicht aus, um jungen Menschen angemessen dabei zu helfen, wenigstens die schwerwiegendsten Folgen der Corona-Politik zu bewältigen. In einer umfangreichen Studie zum Corona-Aufholprogramm des Bundes wird nach Analysen der Umsetzung des Programms bzw. der Nutzung der Gelder für jedes Bundesland eine überwiegend kritische Bilanz gezogen: »Gemessen an ihren eigenen Zielen und den Empfehlungen der SWK [Ständige Wissenschaftliche Kommission der Kultusministerkonferenz] haben die Aufholprogramme ihre Ziele bisher nur in kleinen Teilen erreicht.«[22] Die verbreitete Kinderarmut und die systemischen und strukturellen Mängel in den Bereichen Schule, Kinder- und Jugendschutz sowie Gesundheit, die erst dafür gesorgt haben, dass sich die Folgen der Corona-Politik auf viele Kinder so massiv negativ auswirken konnten, sollen und können mit den Geldern nicht ansatzweise behoben werden und bleiben weitgehend außerhalb der politischen Aufmerksamkeit. Die Pandemie führte für Kinder und Jugendliche aus armen Verhältnissen zu einer verhängnisvollen Zuspitzung von Armut, Vorbelastungen, Verwundbarkeiten und weitgehend dysfunktionalen staatlichen Behörden bzw. mangelnder staatlicher und sozialer Unterstützung. Politik und Gesellschaft müssen in Zukunft die Bekämpfung der Kinderarmut zu einer Priorität machen, die finanzielle Seite durch Transferzahlungen sowie die weiteren sozialen Dimensionen von Armut durch Ertüchtigung der relevanten Behörden, Institutionen und zivilgesellschaftlichen Einrichtungen angehen.

Die massiven Ausgaben der öffentlichen Hand für die Corona-Hilfen, andere Kostenpunkte wie die Corona-Bürgertests oder Mehrausgaben für die gesetzlichen Krankenkassen und die Krankenhäuser in Milliardenhöhe führten zusammen mit – ebenfalls der Pandemie und der Corona-Politik geschuldeten – Mindereinnahmen zu enormen Belastungen der öffentlichen Haushalte, insbesondere des Bundeshaushalts. Sie wurden größtenteils durch die Aufnahme von hohen Neuverschuldungen »finanziert«. So sind die Schulden der öffentlichen Hand durch Mehrausgaben und Mindereinnahmen rasant gewachsen. Zwischen dem Jahr 2012 und dem Vor-Pandemie-Jahr 2019 hatte der deutsche Staat jedes Jahr eine »schwarze Null« geschrieben. Im ersten Corona-Jahr 2020 wuchs die öffentliche Verschuldung im Vergleich zum Vorjahr um 14,4 % bzw. um 273,8 Milliarden Euro.[23] Im zweiten Corona-Jahr 2021 stieg die Neuverschuldung der öffentlichen Hand im Vergleich zum ersten Corona-Jahr 2020 nochmals deutlich um 6,8 % bzw. um 146,9 Milliarden Euro.[24] Ende 2021 lag die Quote der Verschuldung der öffentlichen Hand im Vergleich zum Bruttoinlandsprodukt bei rund 69 %, nachdem sie 2019 noch bei 58,9 % gelegen hatte.[25]

Die Schulden aus den Pandemiejahren sind auch Schulden der jungen Menschen, denn auch sie sind Mitglieder und Bürgerinnen und Bürger des Gemeinwesens. Ist das so aus kinderethischer Perspektive gerecht? In Politik und Wissenschaft gibt es durchaus unterschiedliche Ansichten darüber, ob und inwiefern Staatsschulden von Nachteil für die Zukunft der staatstragenden Gesellschaft und deren zukünftige politische Handlungsspielräume sind. In Deutschland gibt es viele Stimmen, die Staatsschulden grundsätzlich für nachteilig halten, was im Jahrzehnt vor der Pandemie u.a. zur grundgesetzlichen Schuldenbremse und der Finanzpolitik der »schwarzen Null« geführt hat. Die durch die Pandemie bedingten und mit Schulden finanzierten Ausgaben und Mehrkosten wurden größtenteils nicht für Investitionen in die Zukunft verwendet, von denen junge Menschen besonders profitiert hätten, sondern überwiegend für den Schutz der Gesundheit und die Aufrechterhaltung des wirtschaftlichen Lebens und des Status quo. Davon haben auch Kinder und Jugendliche direkt oder indirekt zumindest teilweise profitiert, z.B. indem ein Wirtschaftseinbruch verhindert und viele Arbeitsplätze, eventuell auch ihrer Eltern, gesichert wurden. Zu beachten ist außerdem die außergewöhnliche Zinslage, die dazu führte, dass der Staat bei der Aufnahme von Schulden kaum oder gar keine Zinsen zahlen musste.

Dennoch sind einige Aspekte der deutschen Schuldenpolitik aus kinderethischer Perspektive kritisch zu sehen. Dazu gehört zum Beispiel das Entscheidungsverfahren: Obwohl es sich um Schulden und zukünftige Belastungen aller Bürgerinnen und Bürger, auch der Kinder und Jugendlichen, handelt, wurden die verantwortlichen haushaltspolitischen Entscheidungen für diese Finanzpolitik von Parlamenten getroffen, in denen junge Menschen keine Stimme und somit keine wirksame Vertretung haben. Eine nennenswerte öffentliche und politische Diskussion darüber, wie die Schulden langfristig bedient werden sollen, d.h., wie sie konkret gegenfinanziert werden, fand nicht statt. Die Frage, ob die Finanzierung von Kosten und Schulden der Pandemie gerecht ist, stellt sich auch in Zusammenhang mit der Frage, ob die Verteilung der gesamten Lasten und Vorteile der Corona-Politik insgesamt gerecht war. Aus kinderethischer Sicht gibt es gute Gründe dafür, an der Gerechtigkeit der Kostenverteilung zu zweifeln. Erstens ist mit Blick auf die Gesamtheit der Kinder und Jugendlichen zu sagen, dass diese im Rahmen von Maßnahmen, die in erster Linie dem Gesundheitsschutz anderer dienten, deutlich mehr Beschränkungen hinnehmen und Opfer bringen mussten als andere Bevölkerungsgruppen. Besonders ungerecht ist zweitens die Verteilung der Kosten und Lasten beim Blick auf Kinder und Jugendliche aus armen und sozioökonomisch benachteiligten Familien beispielsweise im Vergleich zu reichen Menschen im Alter von 65 bis 75 Jahren, die auch dank der Corona-Schutzmaßnahmen ohne größere gesundheitliche Probleme durch die Pandemie kamen. Während diese benachteiligten unter 18-Jährigen durch die Corona-Schutzmaßnahmen zusätzlich belastet wurden, wobei sich ihre Aussichten auf Bildung und sozialen Aufstieg nochmals verschlechterten, profitierten die anderen gesundheitlich von ebendiesen Schutzmaßnahmen und wurden, eventuell auch dank staatlich-schuldenfinanzierter Wirtschaftshilfen, noch reicher. Das ist ungerecht und kann nur schwer in Einklang gebracht werden mit der häufigen Berufung auf Solidarität. Mit dem Ausschließen von Steuererhöhungen oder von Abgaben auf besonders große Vermögen in den Verhandlungen und im Koalitionsvertrag der neuen Ampelregierung im Herbst 2021 auf Betreiben der FDP wurde die Diskussion über eine gerechte Verteilung der Kosten der Pandemie *de facto* beendet, bevor sie überhaupt richtig begonnen hatte.

Die Corona-Schulden addieren sich zu den vielen anderen Belastungen, mit denen sich die heutigen Kinder in Zukunft auseinandersetzen müssen. Die zukünftigen Belastungen sind in ihrer Gesamtheit erdrückend: Corona-Schulden, die zu den bestehenden Staatsschulden hinzukommen, der demografische Wandel inklusive der Leistungsversprechen der Sozialversicherungssysteme, Schulden aus den Folgen von Raubbau an Umwelt und Natur sowie der sich ungebremst verschärfende Klimawandel mit Kosten für eingetretene Schäden und notwendige Investitionen. Die Belastungen erdrücken das Recht der Kinder und Jugendlichen auf eine offene Zukunft bzw. ihr Recht auf den Schutz ihrer zukünftigen Freiheit, das zuletzt auch vom Bundesverfassungsgericht im Urteil zum Klimaschutzgesetz anerkannt wurde[26], sowie ihr Recht auf Gleichheit von Lebensumständen und Nicht-Diskriminierung zwischen den Generationen.

Bereits 1972 wies der Club of Rome in seinem ersten Bericht auf die »Die Grenzen des Wachstums« hin.[27] 1979 forderte der Philosoph Hans Jonas unter dem bekannt gewordenen Titel »Das Prinzip Verantwortung« eine Wende beim Ressourcenverbrauch.[28] Er konkretisierte das Prinzip Verantwortung u.a. am Gedanken der »Fairness zu unserer Nachkommenschaft«, über die vorherrschende Lebensweise seiner Zeit sagte er: »Wir legen Hypotheken auf künftiges Leben für gegenwärtige kurzfristige Vorteile und Bedürfnisse – [...] für meist selbsterzeugte Bedürfnisse.«[29] Jonas mahnte zu Mäßigung in unseren Konsumgewohnheiten, »[u]m die in vollem Lauf begriffene Ausplünderung, Artenverarmung und Verschmutzung des Planeten aufzuhalten, der Erschöpfung seiner Vorräte vorzubeugen, sogar einer menschenverursachten, unheilvollen Veränderung des Weltklimas«.[30] Das Leben mit der Externalisierung substanzieller Kosten zulasten der Zukunft und der Zerstörung von Lebensgrundlagen und Ressourcen ist aber seit Jahrzehnten noch immer fester Bestandteil unserer Lebensweise und unseres Wirtschaftens und Voraussetzung unseres heutigen Wohlstands. Der Umgang mit den Kosten und den Schulden der Pandemie bildet da – wenig überraschend – keine Ausnahme.

Menschen, die schon vor der Pandemie sehr wohlhabend oder reich waren und nach der Pandemie noch wohlhabender bzw. reicher sind, sollten einen stärkeren Beitrag zur Finanzierung der Kosten bzw. Schulden leisten: Sie könnten beispielsweise temporär begrenzt Sonderabgaben zahlen, mit denen Programme für Kinder und Jugendliche aus armen und benachteiligten Familien finanziert werden. In zukünftigen vergleichbaren Ausnahme- oder Krisensituationen müssen Kinderarmut und damit verbundene Bedürfnisse und Verletzlichkeiten viel stärker Beachtung finden. Dabei müssen beispielsweise die staatlichen Einrichtungen wie Kitas und Schulen sowie zivilgesellschaftliche Einrichtungen mit ihren kostenfreien Angeboten für diese Kinder und Jugendlichen (und ihre Familien) mehr Gewicht erhalten. Schließungen von Kitas und Schulen müssen weitgehend vermieden werden, oder es müssen, im unvermeidbaren Fall von Schließungen, zumindest die Kernangebote der Einrichtungen, wie z.B. warme Mahlzeiten, gezielt ersetzt werden. Der passive Ansatz der Corona-Politik verursachte, mit dem Ökonomen Clemens Fuest gesprochen, bedeutsame Kosten: »Eine Politik, die sich auf Lockdown-Maßnahmen beschränkt und die Pandemie nicht proaktiv durch umfangreiches Testen und Nachverfolgen von Infektionen bekämpft, erhöht nicht nur die gesundheitlichen Schäden, sondern auch die wirtschaftlichen Kosten der Pandemie.«[31] Und diese Kosten betreffen, zusätzlich zu den vielen anderen Belastungen für die Gesundheit und Bildung der jungen Bevölkerung mit noch zukünftigen langfristigen hohen Folgekosten, auch die Kinder und Jugendlichen.

Mit Blick auf existierende Strukturen ist die Kinderarmut in Deutschland zu bekämpfen. In einer aktuellen Umfrage für den Kinderreport 2023 des Deutschen Kinderhilfswerks attestieren große Teile der Bevölkerung in Deutschland Staat und

Gesellschaft ein schlechtes Zeugnis bei der Bekämpfung der Kinderarmut. Knapp zwei Drittel der Befragten wären bereit, mehr Steuern zu bezahlen, wenn das Problem dadurch endlich wirksamer bekämpft würde.[32] Der Ansatz darf jedoch nicht auf den rein finanziellen Aspekt begrenzt sein, z.B. auf eine Steigerung von Transferleistungen. Armut ist keine rein finanzielle Angelegenheit, sondern betrifft nahezu alle Lebensbereiche. Es ist daher wichtig, staatliche Einrichtungen wie Kitas und Schulen, besonders z.B. in sozialen Brennpunkten, medizinische Angebote sowie den Kinder- und Jugendschutz zu ertüchtigen, die allesamt für arme Kinder und Jugendliche besonders wichtig sind. Es sollte einen Kindergerechtigkeitsfonds bzw. eine bundesweite Finanzstruktur gegründet werden, um zusätzliche Maßnahmen zur Unterstützung und Förderung benachteiligter Kinder und Jugendlicher zu finanzieren. Diese Struktur sollte durch Sonderabgaben von Superreichen und dem reichsten Drittel der Bevölkerung, das selbst keine minderjährigen Kinder mehr hat, sowie von Wirtschaftsbranchen oder Unternehmen, die mit potenziell kindergefährdenden Produkten sehr profitabel sind, finanziert werden. Staat, Bürgerinnen und Bürger und nicht-staatliche Organisationen sollten auch zivilgesellschaftliche Initiativen, Vereine usw. stärken, die sich auch oder vor allem an Kinder aus armen oder benachteiligten Familien wenden, um deren Teilhabe zu fördern.

7 Kinder und Jugendliche und die Impfpolitik

Die Impfpolitik während der Corona-Pandemie ist aus kinderethischer Sicht weniger problematisch als andere Bereiche der Corona-Politik, da sich in ihr keine klare Verletzung eines spezifischen Rechts von Kindern und Jugendlichen feststellen lässt. Dennoch ist sie ein weiteres Beispiel für die Verletzung des generellen Rechts junger Menschen auf Beteiligung und Gehör und dafür, wie wenig Gewicht und Raum die Interessen und Perspektiven von Kindern und Jugendlichen in Politik und Öffentlichkeit fanden.

Nach einer Entwicklung in Rekordzeit wurden in Deutschland Ende Dezember 2020 die ersten Menschen mit dem Comirnaty-Impfstoff von BioNTech/Pfizer gegen Covid-19 geimpft. Im Januar 2021 folgten die Impfstoffe von Moderna und AstraZeneca.[1] Um die Verteilung der in der ersten Jahreshälfte 2021 knappen Impfstoffe zu regeln, erstellte die Bundesregierung eine Priorisierungsliste. Da die Impfstoffe zunächst nur für Erwachsene entwickelt und zugelassen wurden, spielten Minderjährige bei der dreistufigen Priorisierung nur indirekt eine Rolle: Zunächst wurden Beschäftigte aus den Bereichen Kinderbetreuung, Schule und Kinder- und Jugendhilfe, inklusive Kinder- und Jugendschutz, nur in die dritte und niedrigste Priorisierungsstufe eingeordnet.[2] Diese Einstufung wurde dann teilrevidiert[3], so dass die Personen, die in Kinderbetreuungseinrichtungen, der Kindertagespflege und in Grundschulen, Sonderschulen oder Förderschulen tätig waren, in die zweite Priorisierungsstufe hochgezogen wurden, während die Beschäftigten aus der Kinder- und Jugendhilfe und den anderen Schulen in der dritten Stufe blieben.[4]

Aus kinderethischer Perspektive erscheinen diese Einstufungen als grundsätzlich akzeptabel mit Ausnahme der Kinder- und Jugendhilfe, die man angesichts der erhöhten Kindeswohlgefährdungslagen höher hätte einstufen müssen. Anzumerken ist, dass nicht darüber diskutiert und entsprechend auch nicht empfohlen wurde, auch Eltern (junger Kinder) zu priorisieren, beispielsweise in einer weiteren, vierten Priorisierungsstufe. Die Aufnahme von Eltern in eine solche Priorisierungsstufe hätte möglicherweise verhindern können, dass manche Kinder einen oder beide Elternteile für lange Zeit entbehren mussten oder für immer verloren.

Am 28. Mai 2021 erteilte die Europäische Arzneimittel-Agentur (EMA) die Zulassung für den Corona-Impfstoff Comirnaty von BioNTech/Pfizer für Personen von zwölf bis 15 Jahren.[5] Schon Ende Mai 2021 drängte Bundesgesundheitsminister Jens Spahn (CDU) darauf, Kinder ab zwölf Jahren rasch zu impfen, um ab August den Start in ein normales Schuljahr zu gewährleisten.[6] Allerdings gab es zu diesem Zeitpunkt noch keine Bewertung und Empfehlung durch die in Deutschland zuständige Ständige Impfkommission (STIKO). Unklar und intransparent blieben die Ziele von Spahn. Aus den öffentlichen Erklärungen wurde nicht klar, ob und inwieweit die Rechte und Interessen der Kinder und Jugendlichen der Hauptgrund für dieses politische Drängen waren. Klar darzulegen, *wem* diese Impfungen nutzen sollten, wäre im Sinne der Transparenz und Ehrlichkeit gegenüber den Betroffenen wichtig gewesen: Ging es Jens Spahn um das Wohl oder das Bildungsrecht der Kinder und Jugendlichen? Um die Entlastung von Eltern und ihren Arbeitgebern? Wollte er mit Blick auf die am 26. September 2021 anstehenden Bundestagswahlen den Eindruck von wiederhergestellter Normalität erzeugen? Vertreterinnen und Vertreter der Ärzteschaft und der Vorsitzende der STIKO, Thomas Mertens, reagierten zurückhaltend und betonten, dass zunächst zu bewerten sei, was die Impfung an *medizinischen* Risiken und *medizinischem* Nutzen für Kinder und Jugendliche bringe. Der Beginn des neuen Schuljahrs sei per se medizinisch kein ausreichender Grund für eine Impfempfehlung.[7]

Am 7. Juni 2021 wurde die bundesweite Priorisierung beim Impfen aufgehoben. Nun konnte sich jede Volljährige und jeder Volljährige impfen lassen, allerdings war die Terminlage damals noch angespannt. Am 9. Juni 2021 wurde mit 1,43 Millionen verabreichten Impfungen pro Tag ein neuer Impfrekord in Deutschland aufgestellt. Danach sanken die Zahlen der täglichen Impfungen.[8] Eine schlecht organisierte und schlecht kommunizierte Impfkampagne traf auf eine begrenzte Impfbereitschaft der Bevölkerung. Umso wichtiger wurde für die Politik die Impfung der Minderjährigen. Am 10. Juni 2021 sprach die STIKO die Impfempfehlung aus, und zwar *nicht* pauschal für alle Kinder und Jugendlichen zwischen zwölf und 17, sondern eingeschränkt für jene mit bestimmten Risiken, z.B. mit Vorerkrankungen.[9] Das Impftempo ließ indessen weiter nach, bereits im Juli 2021 war absehbar, dass es zu langsam sein würde, um angesichts der sich schnell durchsetzenden gefährlichen Delta-Variante des Virus einen effektiven Schutz der Bevölkerung in der anstehenden Herbst- und Winterzeit zu erreichen.

Im Juni und Juli 2021 übten Politikerinnen und Politiker – insbesondere der Regierungsparteien von CDU, CSU und SPD – Druck auf die STIKO aus, ihre eingeschränkte Empfehlung für Kinder und Jugendliche zu modifizieren und die Impfung *allgemein* für junge Menschen ab zwölf Jahren zu erweitern.[10] Sie äußerten sich kritisch zur bestehenden Empfehlung der STIKO, teilweise auch zur STIKO generell.[11] Kritikerinnen und Kritiker konnten darauf verweisen, dass z.B. in den USA und Frankreich schon Zwölfjährige ohne Einschränkungen geimpft wurden.[12] Allerdings ließen sie in ihrer Kritik an der STIKO außer Acht, dass Vertreterinnen und Vertreter der gleichen Parteien und Regierung einige Monate zuvor auf die völlige Unabhängigkeit der STIKO verwiesen hatten, um das Vertrauen der Bevölkerung in die STIKO-Prüfung der Impfstoffe für Erwachsene zu fördern. Auch ging man schon damals davon aus, dass junge

Menschen von Covid-19 nur wenig gefährdet waren und es für ihren gesundheitlichen Schutz keine besondere Dringlichkeit gab.

Am 2. August 2021 folgten die Bundesländer der Leitlinie von Bundesgesundheitsminister Jens Spahn und entschieden, allen zwischen zwölf und 17 Jahren eine Impfung anzubieten.[13] Damit setzten sie sich über die eingeschränkte Empfehlung der STIKO hinweg. Die STIKO, öffentlich kritisiert und unter Druck gesetzt, verwies auf eine aus ihrer Sicht unzureichende Datengrundlage. Am 18. August 2021 ging die STIKO, wie von Politikern vorher wochenlang gefordert, über ihre Empfehlung vom Juni hinaus und empfahl die Corona-Impfung von BioNTech/Pfizer uneingeschränkt für alle Kinder bzw. Jugendlichen im Alter von zwölf bis 17 Jahren.[14] Am 29. September, drei Tage nach der Bundestagswahl, kritisierte der STIKO-Vorsitzende Thomas Mertens den Impfdruck auf Kinder und Jugendliche als »absurd«.[15] Er habe den Eindruck, die Politik übe Druck auf junge Menschen aus, obwohl Covid-19 ganz andere Bevölkerungsgruppen bedrohe, die sich nicht ausreichend impfen ließen.

Ab Oktober 2021 stiegen die Ansteckungen mit der gefährlichen Delta-Variante des Virus deutlich an, im November 2021 befand sich Deutschland in der vierten Welle. Nachdem er sich in zwei vorherigen Stellungnahmen aus dem November 2020 und Februar 2021 noch kritisch zu einer Impfpflicht für bestimmte Personengruppen geäußert hatte,[16] empfahl der Deutsche Ethikrat am 11. November 2021 angesichts der sich zuspitzenden Lage die »ernsthafte und rasche Prüfung einer berufsbezogenen Impfpflicht gegen Covid-19« zum Schutz von kranken oder betagten Menschen in Krankenhäusern und Pflegeeinrichtungen sowie Mitarbeitenden des Sozialdienstes, der Alltagsbegleitung oder der Hauswirtschaft, wie sie bereits in anderen europäischen Ländern eingeführt worden war.[17] Die Empfehlung ging nicht auf andere Gesellschafts- oder Arbeitsbereiche ein wie Polizei, Justiz oder Feuerwehr. Weder angesprochen noch empfohlen wurde die Impfung von in Schulen und Kitas oder im Bereich Kinder- und Jugendhilfe Tätigen. Dass es im Interesse und ein Recht von Kindern und Jugendlichen sei, Schulen und Kitas geöffnet zu lassen und die Arbeit der Kinder- und Jugendhilfe bestmöglich sicherzustellen, fand keine Erwähnung. Deren Personal wurde nicht dazu verpflichtet, sich impfen zu lassen.

Am 25. November 2021 sprach die Europäische Arzneimittel-Agentur (EMA) eine Empfehlung für die erweiterte Zulassung des Impfstoffs von BioNTech/Pfizer für Kinder im Alter zwischen fünf und elf Jahren aus. Für die Anwendung bei Kindern ab zwölf Jahren war der Impfstoff bereits zugelassen.[18] Am 2. Dezember 2021 brachte der CSU-Vorsitzende und bayerische Ministerpräsident Markus Söder sogar eine *Impfpflicht* für Kinder und Jugendliche ab zwölf Jahren ins Spiel.[19] Dabei war die Impfquote der bayerischen Bevölkerung im Bundesvergleich besonders niedrig. Selbst innerhalb der Bayerischen Polizei waren fast 20 % der Mitarbeiterinnen und Mitarbeiter nicht geimpft,[20] trotz Priorisierung und frühem Zugang zu Impfungen.

Am 9. Dezember 2021 sprach die STIKO eine Impfempfehlung für Kinder im Alter von fünf bis elf Jahren aus: Sie empfahl nur eine Impfung Minderjähriger mit Vorerkrankungen oder zum Schutz besonders gefährdeter Dritter aus deren Umfeld. Bei »individuellem Wunsch« Minderjähriger oder ihrer Eltern könnten diese auch ohne Vorerkrankung geimpft werden.[21] Am 10. Dezember 2021 verabschiedeten Bundestag und Bundesrat als zentralen Teil des Gesetzes zur »Stärkung der Impfprävention gegen Covid-19« ein Gesetz zur Impfung von in Einrichtungen wie Krankenhäusern oder Pflegeheimen Beschäftigten. Diese mussten dem Gesetz entsprechend ihrem Arbeitgeber bis zum 15. März 2022 einen Nachweis vorlegen, dass sie vollständig gegen Covid-19 geimpft oder genesen seien. Der Deutsche

Caritasverband e. V. nahm zum Gesetzgebungsverfahren wie folgt Stellung: »Die Caritas spricht sich grundsätzlich dafür aus, zu erwägen, auch die Beschäftigten von Kindertagesstätten und Schulen von der Impfpflicht zu umfassen, da für Kinder unter fünf Jahren kein Impfstoff zugelassen ist.«[22] Dieser Hinweis blieb unberücksichtigt. Letztlich galt das Gesetz ohnehin nur bis Ende 2022 und wurde danach nicht mehr verlängert. Im November und Dezember 2021 war die Lage angespannt bis dramatisch. Die Intensivstationen waren bundesweit zu knapp 90 % ausgelastet. In Bayern, Sachsen und Thüringen war die Situation besonders angespannt.[23]

Am 22. Dezember 2021 veröffentlichte der Deutsche Ethikrat eine Ad-hoc-Empfehlung zu einer allgemeinen gesetzlichen Impfpflicht:[24] Die bereits beschlossene berufsbezogene Impfpflicht solle ausgeweitet werden zu einer allgemeinen Impfpflicht aller Risikogruppen, z. B. auch älterer Menschen, oder zu einer allgemeinen Impfpflicht aller Menschen ab einem Alter von 18 Jahren. In seiner Argumentation wies der Ethikrat darauf hin, dass Menschen in hohem Alter und mit bestimmten Vorerkrankungen, jedenfalls bei den bisherigen Virus-Varianten, besonders hohe Risiken hätten für schwere oder tödliche Verläufe. Zudem bräuchten sie häufiger intensivmedizinische Behandlung als jüngere, gesunde Menschen. Dem DIVI-Intensivregister (Deutsche Interdisziplinäre Vereinigung für Intensiv- und Notfallmedizin) lasse sich entnehmen, dass ein weit überwiegender Teil der intensivpflichtigen Corona-Patienten über sechzig Jahre (61,1 %) bzw. über fünfzig Jahre (83,1 %) alt sei. »In Deutschland sind über drei Millionen Menschen über sechzig Jahre nicht geimpft. Es liegt auf der Hand, welch erhebliches Belastungspotenzial hiermit für das Gesundheitssystem einhergeht.«[25] In seiner Empfehlung erwähnte der Deutsche Ethikrat auch Rechte von Kindern und Jugendlichen und deren zurückliegende Belastungen durch die Lockdown-Maßnahmen. Dabei sprach er von »bereits eingetretenen Schäden«, u.a. »im Bereich der Bildung von Kindertagesstätten bis zu den Hochschulen«.[26]

Diese Erwähnung ist aus kinderethischer Sicht zunächst einmal zu begrüßen. Dreizehn der zwanzig Mitglieder des Ethikrats argumentierten, eine allgemeine Impfpflicht für alle Volljährigen habe u.a. den Vorteil, dass die durch die Impfpflicht erreichbare hohe Impfquote Maßnahmen wie zukünftige Schulschließungen nicht mehr notwendig machen würde und damit z.B. das Recht auf Bildung nicht mehr eingeschränkt werden müsse. Andernfalls drohe »die Gefahr einer ständigen Wiederkehr von Kontaktbeschränkungen aller Art, worunter insbesondere Kinder, Jugendliche und junge Erwachsene zu leiden haben«.[27] Interessant daran ist aber vor allem das, was der Ethikrat nicht klar sagte, aus kinderethischer Sicht aber hätte klarstellen müssen: dass Maßnahmen wie Schul- und Kitaschließungen zum Schutz gefährdeter Bevölkerungsgruppen in Zukunft aus ethischen Gründen *in keinem Fall* – Impfpflicht hin oder her – in Betracht gezogen werden dürften, um coronabedingte Gefahren und Probleme zu vermeiden. Der Entwicklungsökonom Sebastian Vollmer hatte bereits Mitte August 2021 festgestellt: »Spätestens wenn alle Menschen, die das wollen, vollständigen Impfschutz haben, fällt die wesentliche Begründung für die Einschränkung von Grundrechten weg.«[28]

In Fortsetzung der Logik der Schließungen von Schulen und Kitas sowie anderer Maßnahmen zulasten der Kinder und Jugendlichen fanden ihre Rechte und Interessen auch in der Impfpolitik wenig Gehör und hatten keine starke Stimme. Ihre Rechte und Interessen fanden wenig Aufmerksamkeit und erhielten wenig Gewicht. Junge Menschen zu belasten, um Fehler der Politik[29] und mangelnde Impfbereitschaft der Erwachsenen auszugleichen, erschien hingegen als politisch opportun: ein politisch verhältnismäßig einfacher Weg. Meistens wurde *über* Kinder und Jugendliche gesprochen, wobei, ohne dies offen zu sagen, meist übergeordnete Anliegen und Interessen verfolgt wurden, die wenig mit diesen selbst zu tun hatten. Positiv bleibt festzuhalten, dass es sich trotz vereinzelter Forderungen nach einer Impfpflicht für Kinder und Jugendliche[30] letztlich durchgesetzt hat, die ab dem Herbst 2021 zunehmend konkret geplante allgemeine gesetzliche Impfpflicht – zu der es nicht kam – so zu definieren, dass sie nur für alle Volljährigen und nicht auch für Minderjährige gelten sollte.

Was hätte die Politik aus kinderethischer Sicht anders machen können bzw. was sollte sie in zukünftig vergleichbaren Situationen besser machen? Zum einen sollte sie jungen Menschen selbst und ihren Vertreterinnen und Vertretern, wie z.B. Kinderärztinnen und Kinderärzten, eine stärkere Stimme geben; zum anderen sollte sie die wahren Motive beim Umgang mit Kindern und Jugendlichen offenlegen und zur Diskussion stellen. Ein transparenter Ansatz hätte aus kinderethischer Sicht dazu führen müssen, dass sich Politik und Öffentlichkeit stärker mit den folgenden Fragestellungen auseinandersetzen: Ist es ethisch legitim, junge Menschen hauptsächlich *zum Zwecke des Nutzens anderer* mit einem der Covid-19-Impfstoffe impfen zu lassen, zum Nutzen bzw. Schutz bestimmter Bevölkerungsgruppen oder für das Gemeinwohl? Und haben bestimmte Personengruppen (Lehrerinnen, Lehrer, Eltern) eine besondere moralische Pflicht, sich *zum Wohle der Kinder und Jugendlichen* impfen zu lassen, und welche Pflichten erwachsen dadurch für den Staat?

Unter bestimmten Umständen hätte es während der Corona-Pandemie ethisch in Betracht kommen können, Kinder und Jugendliche mit deren Zustimmung mit einem geeigneten Impfstoff zum Nutzen anderer impfen zu lassen. Es ist ethisch nicht per se verwerflich, jungen Menschen bestimmte Dinge zum Nutzen Dritter zuzumuten. Während der Corona-Pandemie waren die ethischen Voraussetzungen für das Impfen der Minderjährigen zum Nutzen der Risikopersonen oder des Gemeinwohls allerdings deshalb nicht erfüllt, weil sich viele impffähige Erwachsene, darunter auch viele aus Risikoaltersgruppen, weder zu ihrem Selbstschutz noch zum Schutz gefährdeter Gruppen, zum Nutzen der Allgemeinheit oder zur Vermeidung einer Überlastung des Gesundheitssystems impfen ließen. Um es mit den Worten des Leiters der Abteilung für Epidemiologie im Kindes- und Jugendalter an der Ludwig-Maximilians-Universität München, Rüdiger von Kries, zu sagen: »Kinder in die Pflicht zu nehmen, weil Erwachsene sich drücken, ist unanständig.«[31]

Personen, die aufgrund ihres Berufs oder ihrer Rolle als Eltern besonders engen Kontakt mit jungen Menschen haben, konnten diese während der Pandemie auf zweierlei Weise gefährden: erstens durch eine Übertragung des Virus auf die jungen Menschen; die viel wichtigere negative Auswirkung auf Kinder und Jugendliche bestand zweitens darin, dass die Bezugs- oder Betreuungspersonen infolge einer Erkrankung die Betreuung, Erziehung oder Fürsorge für längere Zeit oder gar nicht mehr wahrnehmen konnten. Pädagogisches Personal in Kitas oder Schulen ist knapp, bei Ausfällen gibt es oft keinen adäquaten Ersatz. Personal, das sich nicht impfen ließ, schützte weder sich selbst noch Kollegen und Kolleginnen. Auch im Winter 2021/2022, als alle hätten geimpft sein können, reduzierten ganze Kitas und Schulen phasenweise drastisch ihre Angebote – was erneut die Kinder und Jugendlichen und ihre Familien traf. Besonders schwer waren aber diejenigen Kinder und Jugendlichen betroffen, deren Eltern im Krankenhaus versorgt werden mussten oder um deren Leben Ärztinnen, Ärzte und Pflegepersonal auf den Intensivstationen kämpften. Unermesslich schwer waren und sind diejenigen jungen Menschen getroffen, von denen ein Elternteil oder gar beide an Corona verstarben. Der Intensivmediziner eines Nürnberger Klinikums wird im November 2021 mit der Aussage zitiert: »Also bei uns ist das durchschnittliche Alter auf der Intensivstation bei circa 40 Jahren, und das besonders Tragische ist: das sind eigentlich alles Eltern, praktisch alles Ungeimpfte [...], zum Teil dann auch beide Elternteile, wo dann die Kinder ohne Eltern dastehen.«[32] Eine Modellierungsstudie schätzt, dass in Deutschland zwischen März 2020 und Oktober 2021 – als die harte vierte Welle erst noch bevorstand – mindestens 2400 Kinder einen Elternteil oder eine andere sehr enge familiäre Fürsorgeperson verloren haben.[33] Siehe dazu auch die Website des London Imperial College, die Zahlen von Kindern und Jugendlichen beziffern, die eine primäre oder sekundäre Fürsorgeperson verloren haben.[34] Spätestens ab dem Sommer 2021 hätten wohl viele schwere Verläufe und Todesfälle durch Impfungen verhindert werden können.

Sowohl Eltern als auch Personen mit besonderer beruflicher Verantwortung hätten aus kinderethischer Perspektive die moralische Pflicht gehabt, sich zum Wohl der Kinder und Jugendlichen gegen Covid-19 impfen zu lassen. Eltern und pädagogisches Personal haben diese Pflicht in erster Linie gegenüber den Kindern selbst. In zweiter Linie haben Erzieherinnen und Erzieher, Lehrerinnen und Lehrer auch Verantwortung gegenüber den Eltern und der Allgemeinheit, die für einen Großteil der Kosten und Gehälter aufkommt. Auch Eltern haben gegenüber der Gesellschaft die Verantwortung, die elterliche Rolle der Pflege, Fürsorge und Erziehung ihrer Kinder wahrzunehmen. Sofern die Ausübung ihres Berufs bzw. ihrer Rolle und das Wohl der Kinder einschneidend betroffen sind, können Eltern oder pädagogisches Personal auch nicht einwenden, dass die Frage der Impfung ihre alleinige Privatsache sei. In Pandemien ist Impfen für Menschen mit Kontakt zu anderen Menschen ohnehin nicht einfach eine Privatangelegenheit. Schon Mitte Juli 2021 forderte Wolfram Henn, Humangenetiker und Medizinethiker und Mitglied des Deutschen Ethikrats, eine Impfpflicht für Lehrerinnen und Erzieher. »Wer sich aus freier Berufswahl in eine Gruppe vulnerabler Personen hineinbegibt, trägt eben besondere berufsbezogene Verantwortung«, sagte er der *Rheini-*

schen Post. Lehrkräfte, Erzieher und Erzieherinnen sollten mit einer Impfung gegen das Corona-Virus vor allem Kinder unter zwölf Jahren schützen.[35] Führende Politikerinnen und Politiker sowie Vertreterinnen von Lehrerverbänden und des Ethikrats lehnten Henns Anregung aber entschieden ab und bestanden stattdessen auf der Freiwilligkeit der Impfungen.

Die Pflicht, sich zugunsten junger Menschen impfen zu lassen, gilt verstärkt für diejenigen Personen, die im Zuge ihres Berufs bzw. ihrer Anstellung besondere gesellschaftliche Privilegien genießen, wie z. B. verbeamtete Lehrerinnen und Lehrer. Der Präsident des Deutschen Lehrerverbandes, Heinz-Peter Meidinger, beließ es dabei, Lehrerinnen und Lehrern eine Impfung zu empfehlen, wendete sich aber gegen eine gesetzliche Impfpflicht für diese Berufsgruppe und verwies dabei u. a. auf deren bereits hohe Impfquote. Eine klarere und auch berufsethisch begründete Einlassung hätte z. B. mindestens darin bestehen können, Lehrerinnen und Lehrern aus Gründen ihrer berufsethischen Verantwortung gegenüber Kindern und Jugendlichen sowie auch gegenüber den Eltern, der Gesellschaft und dem Staat die moralische Pflicht zur Impfung zuzusprechen. Hingegen forderte er das Weiterbestehen der Maskenpflicht für Schülerinnen und Schüler.[36]

Mit mehr Nachdruck und offensiveren Kampagnen, als es angesichts vereinzelter Forderungen während der Pandemie tatsächlich geschah, hätte man sich auch Gedanken über gesetzliche Anreize oder sogar gesetzlichen Druck machen können, mit denen man Eltern und pädagogisches Personal zu einer Impfung hätte bewegen können. Dazu gehört in Zukunft, dass der Gesetzgeber und die öffentliche Hand sowie alle anderen Arbeitgeber von pädagogischem Personal gesetzlich bzw. in Arbeitsverträgen die Möglichkeit dafür schaffen, wichtige Impfungen vom Personal einzufordern. Um in zukünftigen vergleichbaren Situationen besser gewappnet zu sein, müssen Politik und Entscheidungsträger die Eltern *im Interesse der Kin-*

der und Jugendlichen stärker in den Blick nehmen, und zwar sowohl bei etwaigen Sonderrechten oder Privilegierungen (einer höheren Priorisierung bei der Impfstrategie) als auch im Sinne etwaiger besonderer Pflichten.

Fazit

Im Februar 2021 erschien in der *Frankfurter Allgemeinen Zeitung* ein Artikel von mir, in dem ich aus kinderethischer Perspektive die Corona-Politik mit Blick auf ihre Auswirkungen für Kinder und Jugendliche als unverantwortlich und ungerecht bezeichnete.[37] Darin kritisierte ich nicht so sehr die Schließungen von Kitas und Schulen, die im Frühjahr 2020 wohl unumgänglich gewesen waren, sondern das katastrophale Krisenmanagement der politisch Verantwortlichen, das Kindeswohlgefährdungen und gravierende Belastungen für die psychische und körperliche Gesundheit sowie die Bildung junger Menschen fahrlässig in Kauf nahm. Kinder und Jugendliche wurden durch die Corona-Maßnahmen zum Schutz der älteren Bevölkerung in unverhältnismäßigem und nicht zu rechtfertigendem Maße belastet.

Der Deutsche Ethikrat hat Ende November 2022 immerhin konzediert, »dass in der Pandemie die Belange und Belastungen der jüngeren Generationen und insbesondere die Herausforderungen für ihre psychische Gesundheit in der gesellschaftlichen und politischen Wahrnehmung und Gestaltung – auch durch den Deutschen Ethikrat – nicht ausreichend Beachtung erfahren haben«.[38] Ohne die Maßnahmen selbst im Kern zu kritisieren, stellt er mit Blick auf den Umgang der Gesellschaft mit den Folgen für die belasteten Kinder und Jugendlichen fest: »Dann haben sie wahrnehmen müssen, dass eine gesamtgesellschaftliche solidarische Antwort auf ihre eigene Notlage ausblieb.«[39] Dass die kinderethische Perspektive auch auf Ebene der theoretisch-philosophischen Reflexion wichtig ist, zeigt sich *ex negativo* an einem Sammelband »Freiheit oder Leben« zur Pandemie-Politik und -Rechtsprechung mit Beiträgen prominenter deutscher Rechtswissenschaftler und Philosophen.[40] Schon die übergeordnete Fragestellung, die auf das Dilemma zwischen

Freiheitsrechten auf der einen, Schutz von Leben und Gesundheit auf der anderen Seite fokussiert, geht substanziell an der Betroffenheit der Kinder und Jugendlichen vorbei. Denn diese waren nicht nur in ihren Freiheitsrechten, sondern auch in ihren Rechten auf Beteiligung, Schutz vor Kindeswohlgefährdung, Bildung, Wohlbefinden, Gesundheit usw. schwer betroffen. Der Sammelband geht auf 370 Seiten nahezu gar nicht auf Kinder und Jugendliche und die Verletzung ihrer Rechte ein.[41]

Die Corona-Politik war gegenüber den Kindern und Jugendlichen ungerecht. Gerechtigkeit ist aber das, worauf es ankommt, gerade mit Blick auf junge Menschen, die in unserer Gesellschaft wenig Rechte, keine mächtige Lobby oder Stimme haben. Die gravierenden Auswirkungen, die die Corona-Maßnahmen auf sie hatten und immer noch haben, sind offensichtlich. Und in allen Bereichen sind sie für Kinder aus sozioökonomisch schlecht gestellten Familien besonders hart. Eine ausreichende Bildung als Nährboden für Chancen und sozialen Aufstieg steht nicht zur Verfügung, wie die eindrücklich schlechten Ergebnisse der PISA-Studie im Dezember 2023 belegen. Anliegen dieses Buches ist es, die Zusammenhänge von strukturellen Mängeln und Folgen der Corona-Maßnahmen im Rückblick auf die Pandemie zu beleuchten und mögliche Chancen und Wege einer gesellschaftlichen Veränderung aufzuzeigen.

Während der Pandemie galt es bis weit ins Jahr 2021 in Teilen der Öffentlichkeit als moralisch fast obszön, auf Belastungen bestimmter Bevölkerungsgruppen wie die der Kinder und Jugendlichen hinzuweisen und die Frage nach der Gerechtigkeit der Verteilung von Nutzen und Kosten der Corona-Politik zu stellen. Einen unrühmlichen intellektuellen Höhepunkt bzw. wissenschafts- und diskursethischen Tiefpunkt findet diese Haltung in dem Satz, mit dem der Philosoph und Soziologe Jürgen Habermas in einem Beitrag in »Freiheit oder Leben« seine Ausführungen zur Pandemie abschließt. Darin verunglimpft er vorab pauschal alle eventuellen Kritiker und Kritikerinnen seiner These, dass die Corona-Maßnahmen gerechtfertigt seien: »Und die derart gerechtfertigten Maßnahmen [des staatlichen Lebensschutzes] dürften wohl nur noch von libertären Coronaleugnern als Auswuchs einer fragwürdigen Biopolitik verleugnet werden können.«[42] Mit den Appellen aus Politik und Medien an die Solidarität ging implizit die Aufforderung einher, vor den besonderen Belastungen für bestimmte Bevölkerungsgruppen, insbesondere für Minderjährige, die Augen zu schließen. Über kritische Fragen wurde der schwere Mantel des heimeligen Zusammenhalts der großen Gemeinschaft gelegt.[43] Auf differenzierende Hinweise wurde manchmal empört eingewandt, man spiele Opfer bzw. die Schwächsten der Bevölkerung gegeneinander aus, wie z.B. in einem Kommentar der *Frankfurter Allgemeinen Zeitung* aus dem Mai 2021 mit dem Titel »Die Jungen brauchen kein Mitleid«.[44] Die Beschneidungen der Rechte junger Menschen – oft nicht beim Namen genannt – wurden ihnen im Namen einer abstrakten »Solidarität« auferlegt. Bundeskanzlerin Angela Merkel sprach von »Zumutungen für uns alle«.[45]

Der kinderethische Blick auf die Pandemie-Politik erfordert es keineswegs, die legitimen Interessen und Rechte anderer Bevölkerungsgruppen zu missachten. Ebenso wenig soll das schreckliche tödliche Schicksal von mehr als 175 000 Menschen allein in Deutschland, Leid und Trauer der Angehörigen und der schwer Erkrankten relativiert werden. Der kinderethische Blick war und ist nicht zynisch. Sich die negativen Auswirkungen auf die Kinder und Jugendlichen vor Augen zu führen ist ein unverzichtbares Element, um die Angemessenheit, Zumutbarkeit und Verhältnismäßigkeit der mit Eingriffen in die Rechte der Kinder verbundenen Corona-Schutzmaßnahmen zu bewerten. Der Schutz von Leben und Gesundheit ist unzweifelhaft ein hohes Gut. Dennoch ist auch dieses nicht allen anderen Gütern und Rechten um jeden Preis übergeordnet.[46] Der

Schutz von Gesundheit und Leben muss abgewogen werden, wenn Schutzmaßnahmen andere wichtige Güter und Rechte (z.B. das Kindeswohl, das Recht der Kinder auf körperliche und psychische Gesundheit) einschränken; und wenn dabei gar nicht sicher ist, ob die Maßnahmen die postulierte Schutzwirkung entfalten oder die gleiche Schutzwirkung nicht mit alternativen, weniger eingreifenden Maßnahmen erreichbar wäre.

Die Corona-Politik war *de facto* Ausdruck des Versuchs von Regierung und Gesetzgeber, die teilweise in Spannung zueinander stehenden Interessen und Rechte unterschiedlicher Bevölkerungs- und Interessengruppen gegeneinander abzuwägen. Aus kinderethischer Perspektive zeigen sich zahlreiche kritikwürdige Aspekte. Der vorherrschende Mangel an Bewusstsein für Rechte und Bedürfnisse der Kinder führte nicht nur zu einer schnellen und bedenkenlosen Schließung von Kitas und Schulen und weiteren Lockdown-Maßnahmen. Dieser Mangel an Bewusstsein und letztendlich Respekt schlug sich auch auf der Ebene des Managements der Maßnahmen nieder: Gravierende Defizite gab es u.a. mit Blick auf die Einbeziehung junger Menschen und ihrer Vertreterinnen und Vertreter, bei der Kommunikation, der datenbasierten Bewertung der Maßnahmen, Nachjustierungen, Monitoring, bei systematischen Schutz-, Unterstützungs- und Ausgleichprogrammen für besonders betroffene Kinder und Jugendliche. Daten und Kenntnisse zur Lage der Minderjährigen wären – ergänzt um Daten und Kenntnisse zur tatsächlichen Schutzwirkung der Maßnahmen – wichtig gewesen, um deren Verhältnismäßigkeit zu bewerten. Stattdessen setzte die Politik die Maßnahmen im Blindflug fort, blieb eine bewertende Bestandaufnahme und letztlich die Rechtfertigung der Eingriffe in die Rechte der Kinder und Jugendlichen schuldig. Die Defizite und die mit ihnen verbundenen Härten der Maßnahmen fallen moralisch besonders schwer ins Gewicht, da sie teilweise vermeidbar gewesen wären, ohne den Schutz bestimmter Bevölkerungsgruppen substanziell zu verwässern.

So wäre, um nur ein Bespiel zu nennen, ein aktiveres Vorgehen der Kinder- und Jugendschutzeinrichtungen möglich gewesen, *ohne* die Corona-Maßnahmen substanziell aufzuweichen und *ohne* Risikopersonen zusätzlich zu gefährden. Die Corona-Politik war also in der Form, wie sie tatsächlich durchgeführt wurde, d. h. in dieser Härte und mit den weitgehenden Belastungen für zahlreiche junge Menschen, nicht nötig und nicht verhältnismäßig.

Dass das Bundesverfassungsgericht in seinem Urteil vom 19. November 2021 zu Schulschließungen dies anders sah,[47] ändert an der Kritik nichts. Erstens wurde in diesem Buch eine kinderethische Perspektive eingenommen, die nach der *Gerechtigkeit* der Corona-Maßnahmen gegenüber Kindern und Jugendlichen fragt, während das Bundesverfassungsgericht nur die juristische Einschätzung abgab, der zufolge die Schulschließungen mit der Verfassung vereinbar seien. Zweitens wird die Corona-Rechtsprechung des Bundesverfassungsgerichts heute selbst unter Rechtswissenschaftlerinnen und -wissenschaftlern teilweise als fragwürdig und fehlerhaft beurteilt. So hat das Bundesverfassungsgericht es im zweiten wichtigen Urteil zur Pandemie-Politik als gerechtfertigt bewertet, dass die Bundesregierung es ihren Bürgern und Bürgerinnen zum Zweck der Pandemie-Bekämpfung verbot, zwischen 22 und 5 Uhr alleine spazieren zu gehen.[48] Drittens liegen den Urteilen mit dem gegenwärtigen Grundgesetz und Verfassungsrecht Maßstäbe zugrunde, die die ethisch gebotenen Rechte der Kinder und Jugendlichen nur unzureichend anerkennen und selbst Ausdruck und Teil eines systemischen Problems sind. Insbesondere werden sie der Tatsache nicht gerecht, dass Kinder und Jugendliche – mehr noch als Erwachsene – nicht nur abwehrende Freiheitsrechte brauchen, sondern auf Schutz- und Leistungsrechte angewiesen sind. Um dieser historischen Leerstelle zu begegnen, sollte ein eigener Artikel in das Grundgesetz eingefügt werden, der ungefähr wie folgt lauten könnte: »Eltern, Staat und Gesellschaft sind der Achtung, dem Schutz und der Förderung des Kindeswohls verpflichtet. Dieses ist bei staatlichen Maßnahmen ein vorrangig zu berücksichtigender Gesichtspunkt. Kinder haben neben allen ihnen ohnehin zustehenden Verfassungsrechten ein Recht auf Schutz, Erziehung, schulische Bildung, Wohlbefinden, Gesundheit, auf Entwicklung zu seiner selbstständigen Persönlichkeit mit offener Zukunft sowie auf Beteiligung. Der Staat und die staatliche Gemeinschaft haben entsprechende Pflichten inklusive Leistungspflichten.«

Das Bundesverfassungsgericht vergaß in seinen Urteilen auch einzufordern, dass die Regierung oder der Gesetzgeber parallel zur Umsetzung der Maßnahmen sofort die notwendigen Daten erheben müssen, um eine behauptete Wirksamkeit und Verhältnismäßigkeit der Maßnahmen zeitnah evidenzgestützt zu überprüfen.

Der zum Zeitpunkt der Aussagen amtierende Gesundheitsminister Karl Lauterbach wird mit der rückblickenden Bewertung zitiert: »Dass wir die Schulen schließen mussten, war für mich unstrittig. Dass wir sie aber so lange geschlossen haben, war falsch.«[49] Die Schließungen der Kitas bilanzierte er: »Kitas waren keine Infektionsherde. Somit [...] kommt man klar zu der Erkenntnis, dass die Kita-Schließungen zu Beginn der Pandemie nicht nötig gewesen wären.«[50]

Im Verlauf der Pandemie zeigten sich die Grenzen von Solidarität als öffentlicher Krisenmoral, da sie dringliche Fragen unbeantwortet ließ. Unklar blieb z.B., ob diejenigen, zu deren Schutz die Maßnahmen unternommen worden waren, der Gesellschaft oder bestimmten Bevölkerungsgruppen etwas schuldeten. Hätte man nicht erwarten können, dass sie sich – sobald es möglich war – impfen ließen, zum Selbstschutz und um das Gemeinwesen zu entlasten? Haben diejenigen Senioren, die auch dank der Corona-Schutzmaßnahmen gesund durch die Pandemie kamen, zuvor reich und nach der Pandemie womöglich noch reicher waren, nicht die moralische Pflicht, den jungen Menschen etwas »zurückzugeben« und ihnen bei der Überwindung der Probleme und Beeinträchtigungen zu helfen? Die Generation, die bei Ausbruch der Pandemie ungefähr zwischen 65 und 75 Jahre alt war, hat den Großteil ihres Lebens und ihre gesamte berufliche Laufbahn in einer Zeit von fast unaufhörlich wachsendem Wohlstand und wirtschaftlicher Prosperität verbracht, die nicht nur, aber eben auch deshalb möglich waren, weil viele Kosten nicht beglichen, sondern auf zukünftige Generationen abgewälzt wurden: Schulden der öffentlichen Hand, versteckte Schulden und Verpflichtungen in den Sozialsystemen, Raubbau an Natur und Umwelt bis hin zu Belastungen des Klimas. Aus der Perspektive der jungen Menschen muss es befremdlich und ungerecht erscheinen, dass sie zum Schutz dieser älteren Generation teilweise enorme Belastungen und Einschnitte in ihre Rechte hinnehmen mussten, während wohlhabende und reiche Personen der älteren Generation von den Maßnahmen profitierten und sich nicht gezielt an den Kosten zur Bewältigung der Pandemie beteiligen mussten. Die Politik der »Solidarität« nahm ihr Ende ohne eine ernsthafte Diskussion über eine solidarische Bezahlung und Verteilung der Kosten: In den Verhandlungen und dem Koalitionsvertrag der neuen Regierungsmehrheit von SPD, Grünen und FDP im Herbst 2021 wurde (auf Drängen der FDP) jede Art von besonderen Abgaben auf sehr hohe Einkommen oder Vermögen zur Handhabung der sozialen und finanziellen Kosten und Schulden der Pandemie pauschal ausgeschlossen. Und dies, obwohl der langfristige gesamtwirtschaftliche Gewinn die Kosten für viele mögliche Schritte, um die gravierendsten Folgen der Pandemie-Politik für Kinder und Jugendliche aufzufangen, mehr als ausgleichen würde.[51]

Auch wenn klar ist, dass staatliches Handeln nie perfekt sein wird, ohne den Staat geht es nicht. Kollektives Handeln, durch Regierungen und Gesetze koordiniert oder geregelt, ist unverzichtbar, um als Gesellschaft auf komplexe Herausforderungen reagieren zu können: bei Krisen wie der Corona-Pandemie, neuen Pandemien und dem bereits stattfindenden Klimawandel, aber gerade auch im Alltag junger Menschen, z.B. in den Bereichen Kindeswohlschutz, Bildung und Gesundheit. In unserer sozialen Interpretation von Liberalismus besteht Freiheit nicht in staatlicher und gesamtgesellschaftlicher Gleichgültigkeit gegenüber Kindern und Jugendlichen. Es ist vielmehr Aufgabe aller Bürgerinnen und Bürger, die Rechte der Kinder und Jugendlichen als Individuen und als Bevölkerungsgruppe zu schützen und sich aktiv darum zu kümmern, dass es Kindern gut oder zumindest nicht schlecht geht und sie eine offene Zukunft für ein selbstbestimmtes Leben haben.

Natürlich dürfen der Ruf nach Staat und Politik und die an sie gerichteten Forderungen nicht die alleinige Antwort bleiben. Wie steht es heute um die Solidarität jedes Einzelnen mit jungen Menschen? Auf die Frage, wie die Folgen der Pandemie bewältigt werden können, kann es nur eine gesamtgesellschaftliche Antwort geben: Beispielsweise sollten Bürgerinnen und Bürger oder Unternehmen dazu bereit sein, eventuell steigende Kosten zu finanzieren, die bei einer Stärkung staatlicher Einrichtungen und Angebote für Kinder und Jugendliche anfallen. Sie sollten sich politisch, auch bei Wahlen, für deren Anliegen einsetzen. Auch das Engagement außerhalb politisch-staatlicher Strukturen hat Potenzial: Unternehmen und Einrichtungen aus Kultur, Wissenschaft und anderen Gesellschaftsbereichen können mehr für junge Menschen tun, z.B. durch noch stärkere Vernetzung mit Kitas und Schulen in den Bereichen Bildung und Gesundheit. Jeder einzelne Bürger kann etwas tun, indem er z.B. Bildungspartnerschaften eingeht, in Kultur- oder Sportvereinen anpackt, sich für die Einrichtung von Spielstraßen engagiert oder etwas spendet. Rentnerinnen und Rentner, die im Durchschnitt nach Austritt aus dem Berufsleben ein immer längeres und rüstigeres Leben vor sich haben, könnten sich nach dem Berufsaustritt noch mehr zugunsten von Kindern und Jugendlichen engagieren. Dazu würde sich die Einrichtung eines Freiwilligen Sozialen Jahres (FSJ) für Senioren und Seniorinnen, ähnlich dem FSJ für junge Erwachsene, anbieten oder sogar in einem zweiten Schritt die Einführung eines obligatorischen sozialen Engagements von einigen Stunden pro Woche oder Monat während eines bestimmten Zeitraums nach Renteneintritt. Offenheit, Fantasie und Engagement der Bürgerinnen und Bürger sowie der betroffenen Kinder und Jugendlichen dürften noch viele gute Ansätze zur Verbesserung der Situation junger Menschen hervorbringen. In diesem Buch sind nur einige Vorschläge für eine bessere Politik und Gesellschaft formuliert.

Die Corona-Pandemie kann als erhellendes Beispiel dafür dienen, dass politisches Handeln auch heute noch Gestaltungskraft hat. Nach der Pandemie müssen die offensichtlichen Lehren aus der Corona-Politik gezogen werden. Auch um uns für zukünftige Krisen besser aufzustellen, ist es dringend geboten, Kindern und Jugendlichen, ihren Rechten und Bedürfnissen, das Gewicht einzuräumen, das sie in Politik und Gesellschaft verdienen.

Dank

Ich danke meinen Kolleginnen und Kollegen aus der Arbeitsgruppe für Translationale Medizinethik am NCT Heidelberg, insbesondere für große Unterstützung der AG-Leiterin, Prof. Dr. Dr. Eva Winkler. Besonderer Dank für kritisches Gegenlesen und wichtige Verbesserungsvorschläge geht an Dr. Torben Pfau, Dr. Martin Jungkunz und Dr. Christian Wendelborn. Für die Anregung, dieses Buch zu schreiben, und geduldige Unterstützung danke ich dem Verleger Dr. Jonathan Landgrebe und für viele kleine und große Hilfen allen Mitarbeiterinnen und Mitarbeitern des Suhrkamp Verlags, die am Erscheinen dieses Buches mitgewirkt haben; vor allem danke ich meiner Lektorin Nina Peters, die das Manuskript mit enormem Einsatz und unzähligen Anregungen und Vorschlägen ebenso kritisch wie konstruktiv begleitet hat. Für ausführliche und informative Hintergrundgespräche danke ich Peter Küspert (Präsident des Bayerischen Verfassungsgerichtshofs a. D.), Prof. Dr. Benjamin Fauth und Prof. Dr. Jörg Maywald. Dank für interessante Einsichten und Diskussionen geht an die von PD Dr. Katarina Weilert an der FEST Heidelberg initiierte Arbeitsgruppe »Pandemie-Lessons to be Learned«. Für anfänglichen Austausch zum Konzept und zu einigen Inhalten des Buches sowie für einige Hinweise zur Sekundärliteratur danke ich Prof. Dr. Johannes Drerup. Für zuverlässige und aufmerksame Hilfe bei den Quellenangaben danke ich Johanna Luzie Alice Müller. Ich danke Giovanni Rapisarda für frühe Anregungen zum Nachdenken über Schule und Bildung. Für nachhaltige Anleitung für Praktiken zum Gesundheitserhalt danke ich Jochen Albermann. Ich danke für ihre Unterstützung meiner Mutter, Ute Schickhardt, und meinem Vater, Christoph Schickhardt. Größter Dank gebührt meinen beiden Söhnen Paul und Raphael, die mir fehlende Zeit und Geduld mit ihnen verziehen haben, und meiner Frau, Dr. Sonja Schickhardt, die drei Jahre lang vieles liebevoll ertrug, trug und zusammenhielt.

Quellenangaben

Der Text versucht stets, wenn es um allgemeine Personengruppen geht, sowohl die weibliche als auch die männliche Form explizit zu nennen, spricht also z. B. von »Wissenschaftlerinnen und Wissenschaftlern«. An den Stellen, wo aus Rücksicht auf Verständlichkeit und Lesbarkeit nur das generische Maskulinum verwendet wird, sind ebenfalls alle Geschlechter gemeint.

Die Online-Quellen dieses Buches wurden im November 2023 zuletzt abgerufen. Wir verzeichnen das nicht jedes Mal hinter jeder einzelnen Online-Quelle.

I. Kinderethische Grundlagen

1 Bettina Hartmann, »Die nächste Pandemie ist nur eine Frage der Zeit«, Interview mit dem scheidenden Stiko-Chef Thomas Mertens, in: *Stuttgarter Zeitung* (05.12.2023), S. 15.

2 Robert Koch-Institut, Antworten auf häufig gestellte Fragen (FAQ) zu akuten Atemwegserkrankungen und Covid-19 (Stand 04.10.2023), online verfügbar unter: {https://www.rki.de/SharedDocs/FAQ/COVID-19/FAQ-gesamt.html?nn=13490888}.

3 Wenke Husmann im Interview mit Dieter Braus, »Die Pubertät ist der letzte gewaltige Umbauprozess des Gehirns«, in: *ZEITmagazin ONLINE* (25.07.2023), online verfügbar unter: {https://www.zeit.de/zeit-magazin/familie/2023-07/pubertaet-gehirn-eltern-dieter-braus}.

4 Jean-Jacques Rousseau, »Emile oder Über die Erziehung«, Stuttgart 2009, S. 102 und S. 214.

5 Bernhard Schlink, »Der Vorleser«, Zürich 1997, S. 136.

6 Zu nennen ist hier z. B. für die deutschsprachige Philosophie Wilhelm Dilthey und für die amerikanische John Dewey. Für einen Überblick über die deutschsprachige Philosophie der ersten Hälfte des Jahrhunderts s. z. B. Kurt Wuchterl, »Bausteine zu einer Geschichte der Philosophie des 20. Jahrhunderts: von Husserl zu Heidegger«, Stuttgart 1995.

7 Johannes Giesinger, »Der moralische Status von Kindern und die Rechtfertigung von Erziehung«, Bielefeld 2007; Christoph Schickhardt, »Kinderethik – der moralische Status und die Rechte der Kinder«, Münster 2016; Johannes Drerup, Christoph Schickhardt (Hrsg.), »Kinderethik: Aktuelle Perspektiven – Klassische Problemvorgaben«, Münster 2017; Johannes Drerup, Gottfried Schweiger (Hrsg.), »Handbuch Philosophie der Kindheit«, Stuttgart 2019.

8 David Archard, »Children: Rights and Childhood«, London 1993.

9 Zu einer ausführlichen ethischen Analyse des Begriffs des Kindeswohl s.: Christoph Schickhardt, »Der Begriff des Kindeswohls in der Moral«, in: Johannes Drerup, Christoph Schickhardt (2017), S. 63-88.

10 Joel Feinberg, »The child's right to an open future«, in: William Aiken, Hugh Lafollette (Hrsg.), »Whose Child? Children's Rights, Parental Authority, and State Power«, Totowa 1980, S. 124-152.

11 Der Begriff der Grundgüter ist von John Rawls übernommen und inspiriert: John Rawls, »Eine Theorie der Gerechtigkeit«, Frankfurt/M. 1979, S. 111 ff.

12 Für einen rechtshistorischen Blick auf kollektivistische Kindeswohlbegriffe: Friederike Wapler: »Kinderrechte und Kindeswohl«, Tübingen 2015, S. 50 ff.

13 Die UN-KRK (Art. 1) versteht unter »Kindern« alle Personen bis zur Volljährigkeit, also auch Jugendliche. Diesem weiten Verständnis von »Kindern« folgt auch die Kinderethik, die sich ebenfalls auch auf Jugendliche bezieht.

14 Dazu z.B. Jörg Maywald, »Kinderrechte in der Kita. Kinder schützen, fördern, beteiligen«, Freiburg im Breisgau 2016.

15 S. zur verfahrensrechtlichen Einklagbarkeit der Rechte der UN-KRK in Deutschland: Friederike Wapler (2015), S. 239.

16 S. zur Grundrechtsträgerschaft der Kinder u.a. ebd. S. 90 und Hans Jarass, Bodo Pieroth, »Grundgesetz für die Bundesrepublik Deutschland. Kommentar«, München 2007, Art.19, Rn 10, S. 439: Kinder und Jugendliche sind, wie alle Menschen, Träger der unantastbaren Menschenwürde (Art. 1.1 GG) sowie des Rechts auf freie Entfaltung der Persönlichkeit (Art. 2.1 GG), des Allgemeinen Persönlichkeitsrechts (Art. 2.1 in Verbindung mit Art. 1.1 GG), des Rechts auf Bewegungsfreiheit (Art. 2.2 GG) sowie weiterer spezieller Freiheitsrechte wie u.a. der Rechte auf Meinungs- und Informationsfreiheit (Art. 5.1 GG), auf Versammlungsfreiheit (Art. 8 GG) oder auf Freizügigkeit (Reisefreiheit) (Art. 11.1 GG).

17 Hans Jarass, Bodo Pieroth (2007), Art. 19, Rn 14, S. 440; Friederike Wapler (2015), S. 99 f.

18 Immanuel Kant, »Grundlegung zur Metaphysik der Sitten« in: Immanuel Kant, »Gesammelte Schriften«, Preußische Akademie der Wissenschaften (Hrsg.), Band 4, Berlin 1900 ff.

19 John Rawls, »Eine Theorie der Gerechtigkeit«, Frankfurt/M. 1979, S. 27 ff. Das von Rawls entwickelte Ideal einer *fairen Kooperation freier und gleicher Menschen* als Ausgangspunkt für Gerechtigkeit als Fairness ist u.a. auch von Matthew Clayton übernommen worden, der einen eigenen ethischen Ansatz für die Analyse kinderethischer Fragen entwickelt: vgl. Matthew Clayton, »Justice and Legitimacy in Upbringing«, Oxford 2006.

20 Zu diesem Verständnis der politischen Philosophie des Liberalismus vgl. John Rawls, »Politischer Liberalismus«, Frankfurt/M. 1998, S. 68.

21 Ronald Dworkin, »Bürgerrechte ernstgenommen«, Frankfurt/M. 1990, S. 370.

22 S. zur Unterscheidung zwischen einer primären und sekundären Ebene der Gleichheit: Ernst Tugendhat, »Vorlesungen über Ethik«, Frankfurt/M. 1993, S. 375.

23 John Rawls (1979), S. 328. Zur Gerechtigkeit zwischen den Generationen in Rawls' »Theorie der Gerechtigkeit« s. auch Wolfgang Kersting, »John Rawls zur Einführung«, Hamburg 2001, S. 149 ff.

24 Vgl. auch: David Archard, »The Family: A Liberal Defence«, London 2010; Elizabeth Brake, »Willing Parents: A voluntarist account of parental role obligations«, in: David Archard, David Benatar (Hrsg.), »Procreation and Parenthood: The ethics of bearing and rearing children«, Oxford 2010, online verfügbar unter: {DOI: 10.1093/acprof:oso/9780199590704.003.0007}; Christoph Schickhardt (2016), S. 230 ff.

25 Vgl. dazu auch: Christoph Schickhardt (2016), S. 230 ff.; David Archard (2010), S. 44.

26 Friederike Wapler (2015), S. 108.

27 Ebd., S. 124 f.

28 Vgl. dazu ebd., S. 125 und Hans Jarass, Bodo Pieroth (2007), Art. 6 Abs. 2,3, Rn 34, S. 237.

29 BVerfGE 24, 119, (144).

30 Annette Wilmes, »Kinderrechte ins Grundgesetz. Mehr als Symbolpolitik«, in: *Deutschlandfunk Kultur* (21.11.2022), online verfügbar unter: {https://www.deutsch landfunkkultur.de/kinderrechte-grundgesetz-100.html}.

31 Vgl. dazu Friederike Wapler (2015), S. 123: »Über den verfassungsrechtlichen Status des Wächteramts herrscht gegenwärtig keine Einigkeit [...].«

32 S. zu einem rechtswissenschaftlichen Vorschlag für ein Risikoscreening: Pamela Hölbling, »Wie viel Staat vertragen Eltern? Systematische Entfaltung eines gestuften Maßnahmenkonzepts vor dem Hintergrund des Elterngrundrechts«, Berlin 2010.

33 S. dazu differenzierend und mit rechtshistorischem Blick auf das 20. Jahrhundert: Friederike Wapler (2015), S. 28 ff. und S. 108.

34 Theodor Maunz, Günter Dürig, Peter Badura et al., Art. 7, Rn 23, S. 23, in: »Grundgesetz: Kommentar«, Roman Herzog, Matthias Herdegen, Rupert Scholz et al. (Hrsg.), München 2007.

35 Grüneberg, Bürgerliches Gesetzbuch, 82., neubearbeitete Auflage 2023, Kommentar zu § 1666, Rn 8, S. 2151, C.H. Beck Verlag 2023.

36 Ebd.

37 S. Friederike Wapler (2015), S. 123.

38 Zur deutschen familien- und verfassungsrechtlichen Tradition s. ebd., S. 128.

39 Ebd., S. 59.

40 S. dazu z.B. die Presseerklärung von CDU und CSU nach Findung einer Kompromissformel, in der mehr von den Elternrechten als den Rechten der Kinder die Rede ist: CDU/CSU-Bundestagsfraktion, »Kinderrechte werden im Grundgesetz sichtbar – Elternrechte bleiben gewahrt«, Pressemitteilung (12.01.2021), online verfügbar unter: {https://www.cducsu.de/presse/pressemitteilungen/kinderrechte-werden-im-grundgesetz-sichtbar-elternrechte-bleiben-gewahrt}.

41 Annette Wilmes (2022).

42 CDU/CSU-Bundestagsfraktion (2021).

43 Gespräch mit Jörg Maywald am 10. Oktober 2023, s. www.suhrkamp.de/nicht-systemrelevant.

II. Die Corona-Politik und die Kinder und Jugendlichen

Einleitung

1 Graziano Onder, Giovanni Rezza, Silvio Brusaferro, »Case-Fatality Rate and Characteristics of Patients Dying in Relation to COVID-19 in Italy«, in: *JAMA* 323 (18), 23.03.2020, pages 1775-1776, online verfügbar unter: {DOI: 10.1001/jama.2020.4683}; Nadja Podbregar, »Coronavirus: Wie stark trifft es Kinder? Kinder erkranken weniger, werden aber genauso oft infiziert«, in: *scinexx.de* (09.03.2020), online verfügbar unter: {https://www.scinexx.de/news/medizin/coronavirus-wie-stark-trifft-es-kinder/}.

2 Vera Zylka-Menhorn, Dustin Grunert, »SARS-CoV-2-Infektion: Kinder reagieren auf Viren anders als Erwachsene«, in: *Deutsches Ärzteblatt* 117 (2020), S. 29-30, online verfügbar unter: {https://www.aerzteblatt.de/archiv/214792/SARS-CoV-2-Infektion-Kinder-reagieren-auf-Viren-anders-als-Erwachsene}; »Pädiater sehen Kinder bei COVID-19-Infektionen nicht in Not«, in: *aerzteblatt.de* (09.09.2021), online verfügbar unter: {https://www.aerzteblatt.de/nachrichten/127151/Paediater-sehen-Kinder-bei-COVID-19-Infektionen-nicht-in-Not}.

3 Reinhard Berner, Peter Walger, Arne Simon et al., »Stellungnahme von DGPI und DGKH zu Hospitalisierung und Sterblichkeit von COVID-19 bei Kindern in Deutschland – Stand April 2021« (korrigiert 21.04.2021), online verfügbar unter: {https://dgpi.de/wp-content/uploads/2021/04/Mortalitaet-Kinder-21_04_2021_korr.pdf}.

4 Robert Koch-Institut, »Wöchentlicher Lagebericht des RKI zur Coronavirus-Krankheit-2019 (COVID-19)« (10.02.2022), online verfügbar unter: {https://www.rki.de/DE/Content/InfAZ/N/Neuartiges_Coronavirus/Situationsberichte/Wochenbericht/Wochenbericht_2022-02-10.pdf?__blob=publicationFile}, S. 19. Bei der Frage, wie viele Kinder und Jugendlichen nach Kenntnisstand des Jahres 2023 an oder mit Corona gestorben sind, ergibt sich mir kein klares Bild. Auf eine Mailanfrage an das Robert Koch-Institut (RKI) erhielt ich am 24. Juli 2023 die Antwort: »Seit Beginn der Pandemie wurden dem RKI bis Juni 2023 107 COVID-19-Todesfälle übermittelt, die Kinder und Jugendliche (< 18 Jahren) betrafen. Bei 75 Fällen lagen Angaben zum Vorhandensein einer Vorerkrankung vor, davon hatten 59 Fälle Vorerkrankungen.« Dies bedeutet, dass man, obwohl das RKI jeden einzelnen Fall validieren wollte, nur bei 75 Todesfällen überhaupt eine Information zu der Frage hat, ob es eine Vorerkrankung gegeben hatte oder nicht, und bei 32 Fällen keine Informationen dazu hat. Unter den 75 Fällen, zu denen man eine solche Angabe hatte, waren dann 59 Fälle, bei denen eine Vorerkrankung auch vorlag. Am 22. November 2023 bekam ich die Mail eines/r Beschäftigten des RKI, die besagte: »Laut offizieller Todesursachenstatistik sind in 2020: 3, in 2021: 20 und in 2022: 45 Kinder und Jugendliche (unter 18) an COVID-19 verstorben.« Die Summe dieser Zahlen liegt mit 68 Todesfällen deutlich unter der Summe aus der Mail vom Juli 2023. Hängt die Differenz an Fällen aus dem Jahr 2023? *Statista* publizierte zum 18.09.2023 Zahlen, laut denen es 72 Todesfälle in der Altersgruppe der Null- bis Neunjährigen und 54 Todesfälle in der Altersgruppe der 10- bis 19-Jährigen gegeben habe (Mathias Brandt, »Pandemie-Opfer: Wie viele Menschen sind in Deutschland an Corona gestorben?«, *Statista* (18.09.2023), online verfügbar unter: {https://de.statista.com/infografik/23756/gesamtzahl-der-todesfaelle-im-zusammenhang-mit-dem-coronavirus-in-deutschland-nach-alter/}). Eine Unstimmigkeit ist, dass die Summe der Todesfälle mit 126 hier deutlich über der Zahl von 107 Fällen liegt, die mir im Juli 2023 vom RKI mitgeteilt wurde. Ein anderes Problem ist, dass die Website von *Statista* für ihre Angaben eine Quelle des RKI (!) nennt – in der ich aber die Zahlen nicht finden konnte. Die für die genaue Einschätzung der Gefährlichkeit des Covid-19-Virus für Kinder und Jugendliche außerdem mitentscheidende Frage, bei wie vielen der Todesfälle eine Vorerkrankung vorlag und ob und inwiefern das Virus ursächlich oder mitursächlich für das Sterben war, wird von den Angaben nicht geklärt.

5 Patrick Gensing, »COVID 19 – Kinder deutlich weniger gefährdet«, in: *tagesschau.de* (15.02.2022), online verfügbar unter: {https://www.tagesschau.de/faktenfinder/covid-kinder-hospitalisierungen-101.html}.

6 Reinhard Berner, Peter Walger, Arne Simon et al. (2021). Ähnlich auch der Kommentar der beiden Fachgesellschaften vom 17.02.2022.

7 Reinhard Berner, Peter Walger, Arne Simon et al. (2021); s. auch: Deutsche Gesellschaft für Kinder- und Jugendmedizin (DGKJ), Deutsche Gesellschaft für Pädiatrische Infektiologie (DGPI): »Kommentar zu den gemeldeten Todesfällen im DGPI-Survey zu hospitalisierten Kindern und Jugendlichen mit SARS-CoV-2-Infektionen in Deutschland« (17.02.2022), online verfügbar unter: {https://dgpi.de/wp-content/uploads/2022/02/220218_Stellungnahme_DGKJ_DGPI.pdf}.

8   Maria Sterkl, Luise Giggl, »Risiko PIMS-Syndrom: Wie gefährlich ist Omikron für Kinder?«, in: *Berliner Morgenpost* (04.02.2022), online verfügbar unter: {https://www.morgenpost.de/vermischtes/article234477015/pims-syndrom-omikron-kinder-corona-israel-experten.html}. Vgl. auch: »Entzündungen nach Corona-Infektion: Rund 660 PIMS-Fälle bei Kindern registriert«, in: *tagesschau.de* (09.02.2022), online verfügbar unter: {https://www.tagesschau.de/inland/coronavirus-pims-101.html}. Zu Zahlen und zur Gefährlichkeit von PIMS infolge einer Corona-Ansteckung s. die ständig aktualisierten Zahlen des PIMS Survey der Deutschen Gesellschaft für pädiatrische Infektiologie (DGPI): »Ergebnisse der Datensammlung von Pediatric Inflammatory Multisystem Syndrome (PIMS)-Fällen bei Kindern und Jugendlichen in Deutschland«, DGPI (Hrsg.), online verfügbar unter: {https://dgpi.de/pims-survey-update/}; und DGKJ, DGPI (2022).

9   Selina Kikkenborg Berg, Pernille Palm, Ulrikka Nygaard et al., »Long COVID symptoms in SARS-CoV-2-positive children aged 0-14 years and matched controls in Denmark (LongCOVIDKidsDK): a national, cross-sectional study«, in: *Lancet Child Adolesc Health* 6 (9), 22.06.2022, S. 614-23, online verfügbar unter: {https://doi.org/10.1016/S2352-4642(22)00154-7}; Roberta Pellegrino, Elena Chiappini, Amelia Licari et al., »Prevalence and clinical presentation of long COVID in children: a systematic review«, in: *European Journal of Pediatrics* 181 (15.09.2022), pages 3995-4009, online verfügbar unter: {DOI: 10.1007/s00431-022-04600-x}; Petra Zimmermann, Laure F. Pittet, Nigel Curtis, »The Challenge of Studying Long COVID: An Updated Review«, in: *Pediatr Infect Dis* J. 41 (5), 01.05.2022, pages 424-426, online verfügbar unter: {DOI: 10.1097/INF.0000000000003502}.

10 Zu einem Überblick über Long Covid bei Kindern s. auch »Long COVID« (Stand: 22.08.2023) auf der Website des Robert Koch-Instituts: {https://www.rki.de/SharedDocs/FAQ/NCOV2019/FAQ_Liste_Gesundheitliche_Langzeitfolgen.html#FAQId16065740}; Cornelia Rabe-Menssen, Liza Hübner, Enno Maaß, »Report Psychotherapie 2023«, in: *Sonderausgabe Psychische Gesundheit in der COVID-19-Pandemie* (05.2023), online verfügbar unter: {https://www.dptv.de/fileadmin/Redaktion/Bilder_und_Dokumente/Wissensdatenbank_oeffentlich/Report_Psychotherapie/DPtV_Report_Psychotherapie_2023.pdf}, S. 64-68.

1   Das Recht auf Beteiligung

1   Sabine Andresen, Lea Heyer, Anna Lips et al., »Das Leben von jungen Menschen in der Corona-Pandemie. Erfahrungen, Sorgen, Bedarfe«, Bertelsmann Stiftung (Hrsg.), 03/2021, online verfügbar unter: {DOI 10.11586/2021021}, S. 14.

2   JuCo-Expert:innenteam Jugend und Corona, »Fragt uns 2.0‹ – Corona-Edition. Anmerkungen von jugendlichen Expert:innen zum Leben von Kindern und Jugendlichen in der Pandemie«, Bertelsmann Stiftung (Hrsg.), 23.03.2021, online verfügbar unter: {https://www.bertelsmann-stiftung.de/de/publikationen/publikation/did/fragt-uns-20}.

3   Jörg Römer, Julia Merlot, »Corona-Shutdown – Diese acht [sic!] Fachleute beraten Bundesregierung und Länderchefs«, in: *SPIEGEL Wissenschaft* (18.01.2021), online verfügbar unter: {https://www.spiegel.de/wissenschaft/medizin/coronavirus-diese-sieben-fachleute-beraten-bundesregierung-und-laenderchefs-a-93abc4f5-cac1-4cbb-bc22-8d3b9c623b28#Inhalt}.

4   Carsten Weerth, »Corona-Kabinett«, in: *Gabler Wirtschaftslexikon*, online verfügbar unter: {https://wirtschaftslexikon.gabler.de/definition/corona-kabinett-122633}.

5   Christina Dunz, »Merkel für Familiengipfel – vielleicht auch mit Kindern«, in: *Re-*

daktionsNetzwerk Deutschland (04.04.2021), online verfügbar unter: {https://www.rnd.de/politik/merkel-fur-familien-gipfel-vielleicht-auch-mit-kindern-E6D2BRBWM REWZPN4HP2ZG2TG6A.html}.

6 Cindy Boden, Florian Naumann, »Politischer Aschermittwoch der CSU: Laschet-Rede sorgt für Verwunderung – Söder mit Ankündigung für Kinder«, in: *Merkur. de* (18.02.2021), online verfügbar unter: {https://www.merkur.de/politik/politischer-aschermittwoch-markus-soeder-corona-bayern-2021-csu-laschet-baerbock-scholz-passau-zr-90207266.html}.

7 Heike Schmoll, »Mehr als die Frage nach der Präsenz«, in: *Frankfurter Allgemeine Zeitung* (10.02.2022), S. 2.

8 Deutscher Ethikrat, »Pandemie und psychische Gesundheit. Aufmerksamkeit, Beistand und Unterstützung für Kinder, Jugendliche und junge Erwachsene in und nach gesellschaftlichen Krisen. Ad-hoc-Empfehlung« (28.11.2022), online verfügbar unter: {https://www.ethikrat.org/publikationen/publikationsdetail/?tx_wwt3shop_detail%5Bproduct%5D=165&tx_wwt3shop_detail%5Baction%5D=index&tx_wwt3shop_detail%5Bcontroller%5D=Products&cookieLevel=not-set}.

9 Susanne Beyer, Silke Fokken, Annette Großbongardt et al., »Allein mit dem Virus«, in: *DER SPIEGEL* (08.05.2021), S. 11.

10 Sabine Andresen, Lea Heyer, Anna Lips et al. (2021).

11 Franziska Osterhammer, »Jugendwort 2020. Nicht verloren«, in: *Süddeutsche Zeitung* (15.10.2020), online verfügbar unter: {https://www.sueddeutsche.de/panorama/jugendwort-des-jahres-lost-1.5071566}.

12 JuCo-Expert:innenteam Jugend und Corona (2021), S. 17.

13 VDA, »Einsteigen, bitte!«, in: *Onlineauftritt VDA*, online verfügbar unter: {https://www.vda.de/de/der-vda/karriere}.

14 Deutsches Institut für Menschenrechte, »Team«, in: *Onlineauftritt Deutsches Institut für Menschenrechte*, online verfügbar unter: {https://www.institut-fuer-menschen rechte.de/das-institut/team}.

15 Hans Jarass, Bodo Pieroth, »Grundgesetz für die Bundesrepublik Deutschland. Kommentar«, München 2007, Art. 103 GG, Rn 6, S. 969.

16 Eine grundlegende Arbeit zu Beteiligung in Erziehungseinrichtungen liefert Annedore Prengel, »Bildungsteilhabe und Partizipation in Kindertageseinrichtungen«, in: *Weiterbildungsinitiative Frühpädagogische Fachkräfte, WiFF Expertisen 47*, München 2016, online verfügbar unter: {https://www.weiterbildungsinitiative.de/publikatio nen/detail/bildungsteilhabe-und-partizipation-in-kindertageseinrichtungen}.

17 Vgl. zur Verwendung dieses Konzepts: Ebd.

18 S. zu dieser Grenze Michael Winkler, »Diesseits der Macht. Partizipation in ›Hilfen zur Erziehung‹«, in: *Neue Sammlung – Vierteljahreszeitschrift für Erziehung und Gesellschaft* 40 (2), 2000, S. 198; Manfred Liebel, »Kinderinteressen. Zwischen Paternalismus und Partizipation«, Weinheim/Basel 2015, S. 278f.

19 Christoph Schickhardt, »Kinder im Wahlrecht und in Demokratien. Für eine elterliche Stellvertreterwahlpflicht«, in: *Zeitschrift für Praktische Philosophie* 2 (1), S. 191-248, 2015, online verfügbar unter: {doi.org/10.22613/zfpp/2.1.7}.

20 Rainer Forst, »Freiheiten, Risiken und Rechtfertigungen. Eine deontologisch-demokratische Perspektive auf die Bekämpfung der Pandemie«, in: »Freiheit oder Leben? Das Abwägungsproblem der Zukunft«, Klaus Günther, Uwe Volkmann (Hrsg.), Berlin 2022, S. 312-321, S. 320.

21 Axel Adrian, »Wahlrecht ab Geburt mit Stellvertretung durch die Eltern mit Hilfe durch das Bundesverfassungsgericht«, in: *frühe Kindheit* 24 (3/2021), S. 12-19, S. 18.

22 Bundeszentrale für politische Bildung, »Soziale Situation in Deutschland – Lebensformen und Haushalte« (23.03.2021), online verfügbar unter: {https://www.bpb.de/kurz-knapp/zahlen-und-fakten/soziale-situation-in-deutschland/61568/lebensformen-und-haushalte/}.

23 Bund-Länder Demografie Portal, »Altersspezifische Wahlbeteiligung«, 2021, online verfügbar unter: {https://www.demografie-portal.de/DE/Fakten/wahlbeteiligung.html}.

24 »Bundestagswahlen 2021 – Wen wählten Jüngere und Ältere?«, in: *tagesschau.de* (27.09.2021), online verfügbar unter: {https://www.tagesschau.de/wahl/archiv/2021-09-26-BT-DE/umfrage-alter.shtml}.

25 »Zusammenfassung Shell Jugendstudie«, Shell Deutschland Holding (Hrsg.), 10.2019, online verfügbar unter: {https://www.shell.de/about-us/initiatives/shell-youth-study/_jcr_content/root/main/containersection-0/simple/simple/call_to_action/links/itemo.stream/1642665739154/4a002dff58a7a9540cb9e83ee0a37a0ed8aofd55/shell-youth-study-summary-2019-de.pdf}.

26 Wenke Husmann im Interview mit Dieter Braus: »Die Pubertät ist der letzte gewaltige Umbauprozess des Gehirns«, in: *ZEITmagazin ONLINE* (25.07.2023), online verfügbar unter: {https://www.zeit.de/zeit-magazin/familie/2023-07/pubertaet-gehirn-eltern-dieter-braus}.

27 Für einen Überblick und Angaben dazu, wer welche Modelle vertritt, s.u.a.: Christoph Schickhardt (2015), S. 214f.; Jörg Maywald, »Wahlrecht für Kinder – Konsequenzen der Demokratie«, in: Johannes Drerup, Christoph Schickhardt (Hrsg.), »Kinderethik: Aktuelle Perspektiven – klassische Problemvorgaben«, Münster 2017.

28 S. dazu z.B.: Klaus Hurrelmann, Tanjev Schultz (Hrsg.), »Wahlrecht für Kinder? Politische Bildung und die Mobilisierung der Jugend«, Weinheim/Basel 2014; Johannes Giesinger, »Wahlrecht – auch für Kinder?«, Berlin/Heidelberg 2022, online verfügbar unter: {DOI: 10.1007/978-3-662-64699-1}.

29 Katharina Landgraf, Steffen Reiche, Renate Schmidt et al., »Der Zukunft eine Stimme geben – Für ein Wahlrecht von Geburt an«, in: *Deutscher Bundestag 16. Wahlperiode Drucksache 16/9868* (27.06.2008), online verfügbar unter: {http://dip21.bundestag.de/dip21/btd/16/098/1609868.pdf}.

30 S. auch: Christoph Schickhardt (2015).

31 Zur Vertretung von Kindern s. u.a. Micha Brumlik, »Advokatorische Ethik – zur Legitimation pädagogischer Eingriffe«, Hamburg 2017; Christoph Schickhardt, »Kinderethik – der moralische Status und die Rechte der Kinder«, Münster 2016.

32 Vgl. Manfred Liebel, »Kinderinteressen – zwischen Paternalismus und Partizipation«, Weinheim/Basel 2015, S. 163 ff.

33 Nina Ayerle, »Generation abgehängt?«, in: *Stuttgarter Zeitung* (03./04.07.2021), S. 10.

2 Das Recht auf Schutz vor Kindeswohlgefährdung

1 Statistisches Bundesamt, »Kinderschutz: Jugendämter melden erneut 10 % mehr Kindeswohlgefährdungen«, Pressemitteilung Nr. 328 (27.08.2020), online verfügbar unter: {https://www.destatis.de/DE/Presse/Pressemitteilungen/2020/08/PD20_328_225.html}.

2 Statistisches Bundesamt, »Jugendämter nahmen 2019 rund 49 500 Kinder zu ihrem Schutz in Obhut«, Pressemitteilung Nr. 363 (17.09.2020), online verfügbar unter: {https://www.destatis.de/DE/Presse/Pressemitteilungen/2020/09/PD20_363_225.html}.

3 Deutscher Kinderverein, »Hohe Dunkelziffer: Sorgen der Kinderschützer bestätigen sich« (11.10.2021), online verfügbar unter: {https://deutscher-kinderverein.de/hohe-dunkelziffer-sorgen-der-kinderschuetzer-bestaetigen-sich/}.

4 Anke Schu, Heike Wiemert, Christine Hunner-Kreisel et al., »Appell aus der Wissenschaft: Mehr Kinderschutz in der Corona-Pandemie« (29.03.2020), Frankfurt University (Hrsg.), online verfügbar unter: {https://www.frankfurt-university.de/fileadmin/standard/Aktuelles/Pressemitteilungen/2020/Appell_Kinderschutz.pdf}.

5 Ebd., S. 1.

6 Ebd., S. 1.

7 Statistisches Bundesamt, »9 % mehr Fälle: Jugendämter melden 2020 Höchststand an Kindeswohlgefährdungen«, Pressemitteilung Nr. 350 (21.07.2021), online verfügbar unter: {https://www.destatis.de/DE/Presse/Pressemitteilungen/2021/07/PD21_350_225.html}.

8 Ebd.

9 Ebd.

10 Statistisches Bundesamt, »Kinderschutz: Schulen und Kitas meldeten im Frühjahr 2020 deutlich weniger Fälle«, Pressemeldung Nr. 439 (17.09.2021), online verfügbar unter: {https://www.destatis.de/DE/Presse/Pressemitteilungen/2021/09/PD21_439_225.html}. Insgesamt sind laut Bundesamt für Statistik »die Verdachtsmeldungen von Schulen im Jahr 2020 – erstmals in der Statistik und entgegen dem allgemeinen Trend (insgesamt 12 % mehr Verdachtsmeldungen gegenüber 2019) – um 1,5 % zurückgegangen (– 300 Fälle). Dies steht im Gegensatz zu den Entwicklungen der beiden Vorjahre: Im Jahr 2018 hatten die Verdachtsmeldungen von Schulen um 15 % (+ 2100 Fälle) und im Jahr 2019 sogar um 17 % zugenommen (+ 2800 Fälle)«, s. Statistisches Bundesamt, Pressemitteilung (21.07.2021).

11 Zahlen und Zitat aus: Bundeskriminalamt, »Vorstellung der Zahlen kindlicher Gewaltopfer – Auswertung der Polizeilichen Kriminalstatistik (PKS) 2020«, Pressemitteilung (26.05.2021), online verfügbar unter: {https://www.bka.de/DE/Presse/Listenseite_Pressemitteilungen/2021/Presse2021/210526_pmkindgewaltopfer.html;jsessionid=788E23EAEC8A06800128D0DE8D271F75.live2292}.

12 WDR: »Mehr Gewalt gegen Kinder im Lockdown« (26.05.2021), online verfügbar unter: {https://www1.wdr.de/nachrichten/themen/coronavirus/mehr-gewalt-gegen-kinder-100.html}.

13 Zu den Kindeswohlgefährdungen: Statistisches Bundesamt, »Kinderschutz: Kindeswohlgefährdungen bleiben auch 2021 auf hohem Niveau«, Pressemitteilung Nr. 340 (11.08.2022), online verfügbar unter: {https://www.destatis.de/DE/Presse/Pressemitteilungen/2022/08/PD22_340_225.html}.

14 Die Bundesregierung, »Auswertung der polizeilichen Kriminalstatistik: Polizei erfasst mehr der Fälle von Kinderpornografie«, Pressemitteilung (30.05.22), online verfügbar unter: {https://www.bundesregierung.de/breg-de/suche/zahlen-kindesmissbrauch-2044752}.

15 Ebd.

16 S. dazu: Kommunalverband für Jugend und Soziales Baden-Württemberg, »Auswirkungen der Corona-Pandemie auf Kinder und Jugendliche«, 2021, online verfügbar unter: {https://www.kvjs.de/fileadmin/dateien/jugend/Arbeitshilfen_Formulare_Rundschreiben_Newsletter_Tagungsunterlagen/Rundschreiben/Rundschreiben_2021/RS_86_2021_Anlage.pdf}.

17 Kathinka Beckmann, Thora Ehlting, Sophie Klaes, »Berufliche Realität im Jugendamt: der ASD in strukturellen Zwängen«, Freiburg im Breisgau 2018.

18 Paul Vorreiter, »Allgemeiner Sozialer Dienst: Überlastet, überfordert, unterbesetzt«, in: *Deutschlandfunk* (14.05.2018), online verfügbar unter: {https://www.deutschlandfunk.de/allgemeiner-sozialer-dienst-ueberlastet-ueberfordert-100.html}.

19 Bundeskriminalamt (26.05.2021).

3 Das Recht auf Bildung

1 OECD, »The State of Global Education: 18 Months into the Pandemic«, in: *OECD Publishing* (16.09.2021), online verfügbar unter: {doi.org/10.1787/1a23bb23-en}.

2 Nicola Fuchs-Schündeln, »Covid-induced school closures in the United States and Germany: long-term distributional effects«, *Economic Policy*, Volume 37, Issue 112 (10/2022), pages 609-639, online abrufbar unter: {https://academic.oup.com/economicpolicy/article/37/112/609/6694841}.

3 »Wo bleiben Schulen zu – und wie lange?«, in: *tagesschau.de* (14.03.22), online abrufbar unter: {https://www.tagesschau.de/inland/corona-schulschliessungen-103.html}. s. auch: Sonja Blum, Ivana Dobrotić: »Die Kita- und Schulschließungen in der COVID-19-Pandemie«, in: *Die Deutsche Schule*, Beiheft 17, Münster (2021), Detlef Fickermann, Benjamin Edelstein (Hrsg.): »Schule während der Corona-Pandemie. Neue Ergebnisse und Überblick über ein dynamisches Forschungsfeld«, S. 81-99.

4 Schulschließungen während der Pandemie am Beispiel von Baden-Württemberg: Gewerkschaft Erziehung, Bildung und Wissenschaft Baden-Württemberg, »Schulen, Kitas, Hochschulen. Corona-Rückblick 2020, 2021, 2022«, (20.12.2022), online abrufbar unter: {https://www.gew-bw.de/aktuelles/detailseite/corona-rueckblick-2020}.

5 Kirsten Buchmann, »Berliner Schulen sollen bis zu den Sommerferien im Wechselunterricht bleiben«, in: *rbb24.de* (14.05.21), online verfügbar unter: {https://www.rbb24.de/politik/thema/corona/beitraege/2021/05/berlin-corona-schulen-wechselunterricht-bleibt-bis-zu-sommerferien.html}.

6 Vera Freundl, Clara Stiegler, Larissa Zierow: »Europas Schulen in der Corona-Pandemie – ein Ländervergleich«, in: *ifo Schnelldienst*, 74. Jahrgang (08.12.2021), S. 41-50, S. 41.

7 OECD (2021).

8 Vera Freundl, Clara Stiegler, Larissa Zierow (2021), S. 43.

9 Friederike Wapler, »Kinderrechte und Kindeswohl«, Tübingen 2015, S. 206.

10 Susanne Kuger, Walter Haas, Bernhard Kalicki et al.: »Kindertagesbetreuung und Infektionsgeschehen während der COVID-19-Pandemie. Abschlussbericht der Corona-KiTa-Studie«, Deutsches Jugendinstitut e. V. (Hrsg.), 02.11.2022, online verfügbar unter: {DOI: 10.3278/9783763973279}.

11 Susanne Kuger, Walter Haas, Bernhard Kalicki et al. (2022), S. 57.

12 Ebd.

13 Ebd., S. 59.

14 Cornelia Rabe-Menssen, Liza Hübner, Enno Maaß, »Report Psychotherapie 2023«, Deutsche Psychotherapeuten Vereinigung (Hrsg.), 05/2023, online verfügbar unter: {https://www.dptv.de/im-fokus/wissenschaft-und-forschung/report-psychotherapie}, S. 39.

15 Martin Bujard, Ellen von den Driesch, Kerstin Ruckdeschel et al., »Belastungen von Kindern, Jugendlichen und Eltern in der Corona-Pandemie«, *BiB.Bevölkerungs.Studien*, 2/2021, Bundesinstitut für Bevölkerungsforschung (Hrsg.), online verfügbar unter: {https://www.bib.bund.de/Publikation/2021/Belastungen-von-Kindern-Jugendlichen-und-Eltern-in-der-Corona-Pandemie.html?nn=1219558}.

16   Katharina Werner, Ludger Wößmann, »The legacy of Covid-19 in education«, in: *Economic Policy* (07.09.2023), online verfügbar unter: {doi.org/10.1093/epolic/eiado16}.

17   Martin Bujarda, Ellen von den Driescha, Kerstin Ruckdeschela et al. (2021); Leopoldina, 8. Ad-hoc-Stellungnahme, »Kinder und Jugendliche in der Coronavirus-Pandemie: psychosoziale und edukative Herausforderungen und Chancen« (21.06.2021, aktualisiert am 06.04.2023), online abrufbar unter: {https://www.leopoldina.org/uploads/tx_leopublication/2021_Corona_Kinder_und_Jugendliche.pdf}.

18   Ludger Wößmann, Vera Freundl, Elisabeth Grewenig et al., »Bildung erneut im Lockdown: Wie verbrachten Schulkinder die Schulschließungen Anfang 2021?«, in: *ifo Schnelldienst*, 2021, 74, Nr. 05, S. 36-52.

19   Alexandra Langmeyer, Angelika Guglhör-Rudan, Thorsten Naab et al., »Kindsein in Zeiten von Corona. Erste Ergebnisse zum veränderten Alltag und zum Wohlbefinden von Kindern«, Deutsches Jugendinstitut e.V. (Hrsg.), 09.05.2020, S. 5-6.

20   Ebd.

21   Katharina Werner, Ludger Woessmann, »The Legacy of Covid-19 in Education«, in: *CESifo Working Paper* No. 9358, Munich 2021, online abrufbar unter: {https://www.cesifo.org/en/publications/2021/working-paper/legacy-covid-19-education}, S. 5.

22   »Germany's last-place finish is remarkable, but perhaps less so for those closely paying attention to digital trends«, s. Miroslav Beblavý, Sara Baiocco, Zachary Kilhoffer et al., »Index of Readiness for Digital Lifelong Learning: Changing How Europeans Upgrade their Skills«, in: *CEPS Final Report* (11/2019), Centre for European Policy Studies in partnership with Grow with Google (Hrsg.), online verfügbar unter: {https://cdn.ceps.eu/wp-content/uploads/2019/11/Index-of-Readiness-for-Digital-Lifelong-Learning.pdf}, S. 23.

23   Vera Freundl, Clara Stiegler, Larissa Zierow: »Europas Schulen in der Corona-Pandemie – ein Ländervergleich«, in: *ifo Schnelldienst* (2021), 74, Nr. 12, S. 41-50, S. 41.

24   Benjamin Fauth, »Unterricht während und nach Corona: Was haben wir gelernt?«, in: *Campus Schulmanagement* (14.04.2022).

25   Ebd.

26   Ann-Kathrin Jaekel, Katharina Scheiter, Richard Göllner, »Distance Teaching During the COVID-19 Crisis: Social Connectedness Matters Most for Teaching Quality and Students' Learning«, in: *AERA Open* (January-December 2021), Vol. 7. No. 1, pages 1-14, page 1, online abrufbar unter: {doi.org/10.1177/23328584211052050}.

27   Ann-Kathrin Jaekel, Katharina Scheiter, Richard Göllner (2021), S. 8.

28   John Hattie, »Visible learning: A synthesis of over 800 meta-analyses relating to achievement«, London 2009.

29   Ann-Kathrin Jaekel, Katharina Scheiter, Richard Göllner (2021), S. 2.

30   Ulrich Ludewig, Ramona Lorenz, Ruben Kleinkorres et al., »Sonderauswertung: Zum Stand von Wortschatz und Leseverhalten bei Viertklässler:innen in Deutschland – Daten einer repräsentativen bundesweiten Studie«, Institut für Schulentwicklungsforschung (Hrsg.), 2022, online abrufbar unter: {https://ifs.ep.tu-dortmund.de/storages/ifs-ep/r/Downloads_allgemein/Ludewig_et_al._2022_Zum_Stand_von_Wortschatz_und_Leseverhalten.pdf}.

31   Klaus Zierer, Benjamin Fauth, »Lerndefizit bei Schülern während Coronapandemie«, in: *Science Media Center Germany* (30.01.2023), online abrufbar unter: {https://www.sciencemediacenter.de/alle-angebote/research-in-context/details/news/lerndefizit-bei-schuelern-waehrend-coronapandemie/}.

32   Ebd.

33 Markus Warnke, »In Deutschland werden Schulleistungen zu wenig überprüft«, in: *Frankfurter Allgemeine Zeitung* (22.11.2023). S. 6.

34 Initiative Neue Soziale Marktwirtschaft (Hrsg.), »INSM-Bildungsmonitor 2019, Ökonomische Bildung und Teilhabechancen« (05.08.2019), online verfügbar unter: {https://lisa.sachsen-anhalt.de/fileadmin/Bibliothek/Politik_und_Verwaltung/MK/ LISA/Unterricht/Bildungsberichte/INSM-Bildungsmonitor_2019.pdf}.

35 Statistisches Bundesamt/Destatis (Hrsg.): »Privatschulen in Deutschland – Fakten und Hintergründe – 2020« (10.08.2020), online abrufbar unter: {https://www. destatis.de/DE/Themen/Gesellschaft-Umwelt/Bildung-Forschung-Kultur/Schulen/ Publikationen/Downloads-Schulen/privatschulen-deutschland-dossier-2020.html}.

36 INSM-Bildungsmonitor (2019).

37 »20 Jahre internationale Vergleichsstudie IGLU: Schwächere Lesekompetenz und keine Verbesserung der Bildungsungleichheit in Deutschland«, Pressemitteilung der Technischen Universität Dortmund und des Instituts für Schulentwicklungsforschung (16.05.2023), online abrufbar unter: {https://ifs.ep.tu-dortmund.de/storages/ ifs-ep/r/Downloads_allgemein/Pressemeldung_IGLU2021_final.pdf}.

38 Laut einer ZEIT-Studie fielen 2017 ca. 5 % des Unterrichts aus, weitere 5 % waren Vertretungsunterricht, von dem in der Regel ein Großteil in Aufsicht bestand, s. Götz Hamann, Sascha Venohr, Julian Stahnke, »Unterrichtsausfall. So viele Schulstunden fallen bundesweit aus«, in: *ZEIT ONLINE* (26.04.2018), online abrufbar unter: {https://www.zeit.de/gesellschaft/schule/2017-10/unterrichtsausfall-schule-bildung-studie-eltern?utm_referrer=https%3A%2F%2Fwww.google.com%2F}.

39 Aladin El-Mafaalani, »Mythos Bildung. Die ungerechte Gesellschaft, ihr Bildungssystem und seine Zukunft«, 4. Auflage, Köln 2022, S. 173.

40 Sarah Beierle, Carolin Hoch, Birgit Reißig, »Schulen in benachteiligten sozialen Lagen: Untersuchungen zum aktuellen Forschungsstand mit Praxisbeispielen«, Deutsches Jugendinstitut (Hrsg.), 06/2019, online abrufbar unter: {file:///C:/Users/ peters/Downloads/28019_DJI_Schulen_in_benachteiligten_sozialen_Lagen.pdf}; s. z.B.S. 6 in: Wolfgang Böttcher, Lilo Brockmann, Tabea Meierjohann et al.: »Was brauchen Schulen in herausfordernden Lagen? Studie im Auftrag des Netzwerk Bildung«, in: *FES diskurs* (03/2022), online abrufbar unter: {https://library.fes.de/pdf-files/a-p-b/19077.pdf}.

41 oll., »Deutsche Schüler schneiden in PISA-Studie so schlecht ab wie nie«, in: *Frankfurter Allgemeine Zeitung* (06.12.23), S. 1.

42 Heike Schmoll, »Das gab es noch nie«, in: *Frankfurter Allgemeine Zeitung* (06.12.2023), S. 5.

43 Ebd.

44 Harry Brighouse, Helen F. Ladd, Susanna Loeb et al., »Educational Goods: Values, Evidence, and Decision-Making«, Chicago 2018.

45 Bundesverfassungsgericht, »Leitsätze zum Beschluss des Ersten Senats vom 19. November 2021, Bundesnotbremse II«, online abrufbar unter: {https://www. bundesverfassungsgericht.de/SharedDocs/Entscheidungen/DE/2021/11/rs20211119_ 1bvr097121.html}.

46 Die zitierten Textpassagen stammen aus den Seiten 1 und 28 des Beschlusses des Bundesverfassungsgerichts (2021); s. auch Michael Wrase, »Ein Beschluss mit weitreichenden Folgen«, in: *Verfassungsblog* (05.12.2021), online verfügbar unter: {https://verfassungsblog.de/ein-beschluss-mit-weitreichenden-folgen}. Kritisch zum Urteil des Bundesverfassungsgerichts zu Schulschließungen (Bundesnotbremse II) auch Thorsten Kingreen, »Das Recht auf Leben und körperliche Unversehrtheit. Be-

deutungsdimensionen und Wandlung eines Grundrechts«, in: »Freiheit oder Leben? Das Abwägungsproblem der Zukunft«, Klaus Günther, Uwe Volkmann (Hrsg.), Berlin 2022. S. 103-123, S. 122.

47   S. zur Rolle von Anerkennung in der Schule und Bildungsgerechtigkeit auch Krassimir Stojanov, »Bildungsgerechtigkeit. Rekonstruktionen eines umkämpften Begriffs«, Wiesbaden 2011.

48   Überblicksartig s. z.B. Krassimir Stojanov, »Bildungsgerechtigkeit«, in: »Handbuch Philosophie der Kindheit«, Johannes Drerup, Gottfried Schweiger (Hrsg.), S. 348-354.

49   Der »Report Psychotherapie 2023« weist insbesondere auch auf die erheblichen Belastungen von Schülern mit besonderem Förderbedarf während der Lockdowns hin, s. Cornelia Rabe-Menssen, Liza Hübner, Enno Maaß (2023), S. 39.

50   Lisa Becker, Christoph Schäfer, »Arme Kinder«, in: *Frankfurter Allgemeine Zeitung* (04.04.2020), S. 20.

51   Heike Schmoll, »Mehr als die Frage nach der Präsenz«, in: *Frankfurter Allgemeine Zeitung* (10.02.2022), S. 2.

52   Katharina Werner, Ludger Wößmann (2023), S. 44.

53   Marcel Helbig, Benjamin Edelstein, Detlef Fickermann et al.: »Aufholen nach Corona? Maßnahmen der Länder im Kontext des Aktionsprogramms von Bund und Ländern«, in: *Die Deutsche Schule*, Beiheft 19, Münster 2022, S. 243.

54   Ebd., S. 8.

55   Ebd., S. 48.

56   Ebd., S. 8.

57   Ebd., S. 36.

58   Kerstin Schneider: »Was wir über Lernrückstände wissen (müssten)!«, in: *Wirtschaftsdienst* (14.05.2023), vol. 103 (4), S. 249-252, online abrufbar unter: {doi.org/10.2478/wd-2023-0078}.

59   Marcel Helbig, Benjamin Edelstein, Detlef Fickermann et al. (2022), S. 240-242.

60   Ebd., S. 250.

61   Bundesministerium für Bildung und Forschung, »Startchancen-Programm« (22.09. 2023), online abrufbar unter: {https://www.bmbf.de/bmbf/de/bildung/startchancen/startchancen-programm_node.html}.

62   Markus Warnke, »Schulen wissen zu wenig, was die Schüler verstanden haben«, in: *Frankfurter Allgemeine Zeitung* (23.11.23), S. 6.

63   Vgl. dazu Katharina Werner, Ludger Wößmann (2023), S. 46.

64   Ebd.

65   »Kindergarten-Obligatorium, effektiver Besuch«, Konferenz der kantonalen Erziehungsdirektorinnen und -direktoren (Hrsg.), online abrufbar unter: {https://www.edk.ch/de/bildungssystem/kantonale-schulorganisation/kantonsumfrage/a11-kinder garten-obligatorium}.

66   S. dazu: Statistisches Bundesamt: »Bevölkerung und Erwerbstätigkeit. Bevölkerung mit Migrationshintergrund – Ergebnisse des Mikrozensus 2021-2021«, S. 42, bei dem die minderjährigen Flüchtlinge aus der Ukraine noch nicht erfasst sind.

67   Mikrozensus, S. 39.

68   Anja Petschel, »Kinder mit Migrationshintergrund«, Bundeszentrale für politische Bildung (Hrsg.), 10.03.2021, online abrufbar unter: {https://www.bpb.de/kurz-knapp/zahlen-und-fakten/datenreport-2021/bevoelkerung-und-demografie/329526/kinder-mit-migrationshintergrund/}.

69   Das Statistische Bundesamt berichtet für 2022/2023 von einer Zunahme des Anteils der Schülerinnen und Schüler mit ausländischer Staatsbürgerschaft um 18 %

auf insgesamt 1,6 Millionen (14 % aller Schülerinnen und Schüler) im Vergleich zu 2021/2022. Pressemitteilung Nr. 105 vom 15. März 2023. »Zahl der Schülerinnen und Schüler 2022/2023 um 1,9 % gestiegen. Hoher Zuwachs bei den ausländischen Schülerinnen und Schülern«, online abrufbar unter: {https://www.destatis.de/DE/Presse/Pressemitteilungen/2023/03/PD23_105_211.html}.

70 Heike Schmoll (2023).
71 Markus Warnke (2023).

4 Das Recht auf Wohlbefinden

1 Alexandra Langmeyer, Angelika Guglhör-Rudan, Thorsten Naab et al., »Kindsein in Zeiten von Corona – Erste Ergebnisse zum veränderten Alltag und zum Wohlbefinden von Kindern«, Deutsches Jugendinstitut (Hrsg.), 09.05.2020, online verfügbar unter: {https://www.dji.de/fileadmin/user_upload/dasdji/themen/Familie/DJI_Kindsein_Corona_Erste_Ergebnisse.pdf}; Sabine Andresen, Anna Lips, Renate Möller et al., »Kinder, Eltern und ihre Erfahrungen während der Corona-Pandemie. Erste Ergebnisse der bundesweiten Studie KiCo«, Hildesheim 2020, online verfügbar unter: {https://dx.doi.org/10.18442/121}.

2 Anne Kaman, Christiane Otto (u. a.): Psychische Gesundheit von Kindern und Jugendlichen während der ersten und zweiten Welle der COVID-19-Pandemie. Ergebnisse der COPSY-Längsstudie. In: *frühe Kindheit* (02/21), S. 36.

3 Ludger Wößmann, Vera Freundl, Elisabeth Grewenig et al., »Bildung in der Coronakrise: Wie haben die Schulkinder die Zeit verbracht, und welche Bildungsmaßnahmen befürworten die Deutschen?«, in: *ifo Schnelldienst* 73 (9), 2020, S. 25-39, online verfügbar unter: {https://www.ifo.de/publikationen/2020/aufsatz-zeitschrift/bildung-der-coronakrise-wie-haben-die-schulkinder-die-zeit}.

4 Franziska Reiß, Anne Kaman, Ann-Kathrin Napp et al., »Epidemiologie seelischen Wohlbefindens von Kindern und Jugendlichen in Deutschland. Ergebnisse aus 3 Studien vor und während der COVID-19-Pandemie«, in: *Bundesgesundheitsblatt – Gesundheitsforschung – Gesundheitsschutz* 66 (30.05.2023), S. 727-735, online verfügbar unter: {https://link.springer.com/article/10.1007/s00103-023-03720-5}.

5 Alexandra Langmeyer, Angelika Guglhör-Rudan, Thorsten Naab et al. (2020), S. 25.

6 Ebd.

7 Universitätsklinikum Hamburg-Eppendorf, »Psychische Gesundheit von Kindern hat sich während der Corona-Pandemie verschlechtert«, Pressemitteilung (10.07.2020), online verfügbar unter: {https://www.uke.de/allgemein/presse/pressemitteilungen/detailseite_96962.html}.

8 Sabine Andresen, Anna Lips, Renate Möller et al. (2020).

9 Ebd.; Alexandra Langmeyer, Angelika Guglhör-Rudan, Thorsten Naab et al. (2020); Universitätsklinikum Hamburg-Eppendorf (2020).

10 Ludger Wößmann, Angelika Guglhör-Rudan, Thorsten Naab et al., »Bildung erneut im Lockdown: Wie verbrachten Schulkinder die Schulschließungen Anfang 2021?«, in: *ifo-Schnelldienst* 74/05 (2021), S. 46-52, online verfügbar unter: {https://www.ifo.de/publikationen/2021/aufsatz-zeitschrift/bildung-erneut-im-lockdown-wie-verbrachten-schulkinder-die} sowie Universitätsklinikum Hamburg-Eppendorf, »COPSY-Studie: Kinder und Jugendliche leiden psychisch weiterhin stark unter Corona-Pandemie. Ergebnisse aus zweiter Befragungsrunde«, Pressemitteilung (10.02.2021), online verfügbar unter: {https://www.uke.de/allgemein/presse/pressemitteilungen/detailseite_104081.html}.

11 Universitätsklinikum Hamburg-Eppendorf (2021).

12 Susanne Beyer, Silke Fokken, Annette Großbongardt et al., »Allein mit dem Virus«, in: *DER SPIEGEL* (08.05.2021), S. 11.

13 Artikel zur dritten Erhebungswelle: Ulrike Ravens-Sieberer, Anne Kaman, Janine Devine et al., »The mental health and health-related behavior of children and parents during the COVID-19 pandemic: findings of the longitudinal COPSY study«, in: *Deutsches Ärzteblatt International,* 119: 436-7, 2020, online verfügbar unter: {DOI: 10.3238/arztebl.m2022.0173}.

14 Franziska Reiß, Anne Kaman, Ann-Kathrin Napp et al. (2023).

15 UKE-Hamburg, »COPSY-Studie: Kinder und Jugendliche leiden psychisch weiterhin stark unter der Corona-Pandemie«, Pressemitteilung (10.02.2021), online verfügbar unter: {https://www.uke.de/allgemein/presse/pressemitteilungen/detailseite_104081.html}; Ludger Wößmann, Vera Freundl, Elisabeth Grewenig et al. (2021); Ulrike Ravens-Sieberer, Anne Kaman, Christiane Otto et al., »Seelische Gesundheit und psychische Belastungen von Kindern und Jugendlichen in der ersten Welle der COVID-19-Pandemie – Ergebnisse der COPSY-Studie«, in: *Bundesgesundheitsblatt – Gesundheitsforschung – Gesundheitsschutz* 64 (2021), S. 1512-1521, 2021, online verfügbar unter: {doi.org/10.1007/s00103-021-03291-3}; Alexandra Langmeyer, Angelika Guglhör-Rudan, Thorsten Naab et al. (2020).

16 Vgl. erste COPSY-Studie: Ulrike Ravens-Sieberer, Anne Kaman, Christiane Otto et al. (2021) und zweite COPSY-Studie: Universitätsklinikum Hamburg-Eppendorf (2021).

17 Ludger Wößmann, Vera Freundl, Elisabeth Grewenig et al. (2021).

18 Ulrike Ravens-Sieberer, Anne Kaman, Christiane Otto et al. (2021); Universitätsklinikum Hamburg-Eppendorf (2021); Alexandra Langmeyer, Angelika Guglhör-Rudan, Thorsten Naab et al. (2020).

19 Im Orginal lautet der erste Satz: »We hold these truths to be self-evident, that all men are created equal, that they are endowed by their Creator with certain unalienable Rights, that among these are Life, Liberty and the pursuit of Happiness.« Online abrufbar unter: {https://www.archives.gov/founding-docs/declaration}.

20 Anna Jaquiery, »New Zealand: Changing the Conversation on Well-Being«, in: *International Monetary Fund* (26.01.2022), online verfügbar unter: {https://www.imf.org/en/News/Articles/2022/01/26/cf-new-zealand-changing-the-conversation-on-well-being}.

21 »ZEIT für Bildung: Wie wird Schule menschlicher? Was sich aus internationalen Lehrplänen lernen lässt«, in: *YouTube, Studio ZX* (14.10.2021), online verfügbar unter: {https://www.youtube.com/watch?v=sE7PfrEkHJs}, ab Minute 18:34.

22 Dies wird offensichtlich, wenn man die entsprechenden (häufig heute sehr konservativ bis antiquiert klingenden) Formulierungen aus den Verfassungen und den Schulgesetzen der einzelnen Bundesländer betrachtet.

23 S. z.B. Hans Jarass, Bodo Pieroth, »Grundgesetz für die Bundesrepublik Deutschland. Kommentar«, München 2007, Kommentar zu Artikel 7 GG, S. 249ff.; Friederike Wapler, »Kinderrechte und Kindeswohl«, Tübingen 2015, S. 201ff.

24 S. u.a. zu wissenschaftlichen Studien die Frage nach der subjektiven Zugehörigkeit in den PISA-Studien von 2012 und 2015 sowie Helmut Fend, Fred Berger, »Ist die Schule humaner geworden? Sozialhistorischer Wandel der pädagogischen Kulturen in Schule und Familie in den letzten 30 Jahren im Spiegel der LifE-Studie«, in: *Zeitschrift für Pädagogik* 62 (6), 2016, S. 861-885, online verfügbar unter: {DOI: 10.25656/01:16894}.

25 Der Kinderkanal von ARD und ZDF, »Exklusivbefragung zum KiKA-Themenschwerpunkt 2019. Respekt für meine Rechte! Schule leben!«, 2019, online verfügbar un-

ter: {https://www.iconkids.com/wp-content/uploads/2019/09/ergebnisse-befragung-Schulstudie-kika.pdf}.

26 Zum Sich-Wohlfühlen in der Schule s. z.B. ebd.

27 Michaela Haas, »Kann man lernen, glücklich zu sein? Seit vergangenem Herbst gibt es an Braunschweiger Schulen *Glücksunterricht*«, in: *Süddeutsche Zeitung Magazin* (17.03.2023), online verfügbar unter: {https://sz-magazin.sueddeutsche.de/die-loesung-fuer-alles/gluecksunterricht-positive-psychologie-92542}.

28 Franziska Reiß, Anne Kaman, Ann-Kathrin Napp et al. (2023).

5 Das Recht auf Gesundheit

1 Reinhard Berner, Peter Walger, Arne Simon et al., »Stellungnahme von DGPI und DGKH zu Hospitalisierung und Sterblichkeit von COVID-19 bei Kindern in Deutschland – Stand April 2021« (korrigiert 21.04.2021), online verfügbar unter: {https://www.dgkj.de/fileadmin/user_upload/Meldungen_2021/210421_SN_HospitalisierungCOVID.pdf}; Cornelia Rabe-Menssen, Liza Hübner, Enno Maaß, »Report Psychotherapie 2023«, in: *Sonderausgabe Psychische Gesundheit in der COVID-19-Pandemie* (05/2023), online verfügbar unter: {https://www.dptv.de/fileadmin/Redaktion/Bilder_und_Dokumente/Wissensdatenbank_oeffentlich/Report_Psychotherapie/DPtV_Report_Psychotherapie_2023.pdf}, S. 29.

2 WHO, »Verfassung der Weltgesundheitsorganisation«, Übersetzung (Stand 06.07.2020), online verfügbar unter: {https://fedlex.data.admin.ch/filestore/fedlex.data.admin.ch/eli/cc/1948/1015_1002_976/20200706/de/pdf-a/fedlex-data-admin-ch-eli-cc-1948-1015_1002_976-20200706-de-pdf-a.pdf}.

3 Benjamin Kuntz, Petra Rattay, Christina Poethko-Müller et al., »Soziale Unterschiede im Gesundheitszustand von Kindern und Jugendlichen in Deutschland – Querschnittergebnisse aus KiGGS Welle 2«, in: *Journal of Health Monitoring* 3 (3/2018), Robert Koch-Institut, online verfügbar unter: {DOI 10.17886/RKI-GBE-2018-076}.

4 Kathrin Klipker, Franz Baumgarten, Kristin Göbel et al., »Psychische Auffälligkeiten bei Kindern und Jugendlichen in Deutschland – Querschnittergebnisse aus KiGGS Welle 2 und Trends«, in: *Journal of Health Monitoring* 3 (3), Robert Koch-Institut 2018, online verfügbar unter: {DOI 10.17886/RKI-GBE-2018-077}, S. 39-40.

5 »Anzahl der Todesfälle durch tödliche Verletzungen unter Kindern und Jugendlichen (0 bis 19 Jahre) in Deutschland in den Jahren 2009 bis 2019«, *Statista* (30.10.2023), online verfügbar unter: {https://de.statista.com/statistik/daten/studie/166385/umfrage/toedliche-verletzungen-bei-kindern-und-jugendlichen/}.

6 Merle Becker, Christoph U. Correll, »Suizidalität im Kindes- und Jugendalter«, in: *Deutsches Ärzteblatt International* 117: 261-7 (2020), online verfügbar unter: {DOI: 10.3238/arztebl.2020.0261}.

7 Kathrin Klipker, Franz Baumgarten, Kristin Göbel et al. (2018), S. 37.

8 Anja Schienkiewitz, Anna-Kristin Brettschneider, Stefan Damerow et al., »Übergewicht und Adipositas im Kindes- und Jugendalter in Deutschland – Querschnittergebnisse aus KiGGS Welle 2 und Trends« in: *Journal of Health Monitoring*, 2018 3 (1), online verfügbar unter: {DOI 10.17886/RKI-GBE-2018-005.2}, S. 16.

9 Jonas D. Finger, Gianni Varnaccia, Anja Borrmann et al., »Körperliche Aktivität von Kindern und Jugendlichen in Deutschland – Querschnittergebnisse aus KiGGS Welle 2 und Trends«, in: *Journal of Health Monitoring*, 2018 3 (1), online verfügbar unter: {DOI 10.17886/RKI-GBE-2018-006.2}, S. 24.

10 Caroline Cohrdes, Kristin Göbel, Robert Schlack et al.: »Essstörungssymptome bei Kindern und Jugendlichen: Häufigkeiten und Risikofaktoren. Ergebnisse aus

KiGGS Welle 2 und Trends«, in: *Bundesgesundheitsblatt*, 16.09.2019, 62:1195-1204, online verfügbar unter: {https://doi.org/10.1007/s00103-019-03005-w}.

11 Thomas Rathgeb, Theresa Reutter, »JIM-Studie 2019: Jugend, Information, Medien – Basisuntersuchung zum Medienumgang 12- bis 19-Jähriger«, *Medienpädagogischer Forschungsverbund Südwest*, 03.2020, online verfügbar unter: {https://www.mpfs.de/fileadmin/files/Studien/JIM/2019/JIM_2019.pdf}, S. 25.

12 DAK-Gesundheit, »Mediensucht 2020 – Gaming und Social Media in Zeiten von Corona. DAK-Längsschnittstudie: Befragung von Kindern, Jugendlichen (12-17 Jahre) und deren Eltern« (15.05.2020), online verfügbar unter: {https://caas.content.dak.de/caas/v1/media/12632/data/e364341b499ec01105a44cdd5eed6f97/dak-studie-mediensucht-zwischenergebnisse.pdf}.

13 Nora Bruns, Lea Willemsen, Andreas Stang et al., »Pediatric ICU Admissions After Adolescent Suicide Attempts During the Pandemic«, in: *Pediatrics* 150 (2), 27.07.2022, online verfügbar unter: {DOI: 10.1542/peds.2021-055973}. Die Studie bezieht sich auf ein Fünftel aller deutschen pädiatrischen Intensivstationen.

14 Kaufmännische Krankenkasse, »Corona stresst 77 Prozent der Schüler – Umfrage: Angst vor beruflicher Zukunft und psychischen Störungen«, Pressemeldung, Hannover 03.06.2021, online verfügbar unter: {https://www.kkh.de/presse/pressemeldungen/schuelerstress}; s. Ulrike Ravens-Sieberer, Anna Kaman, Christiane Otto et al., »Seelische Gesundheit und psychische Belastungen von Kindern und Jugendlichen in der ersten Welle der COVID-19-Pandemie – Ergebnisse der COPSY-Studie«, in: *Bundesgesundheitsblatt* 64 (01.03.2021), S. 1512-1521, online verfügbar unter: {DOI: 10.1007/s00103-021-03291-3}; UKE Hamburg, »COPSY-Studie: Kinder und Jugendliche leiden psychisch weiterhin stark unter Corona-Pandemie«, Pressemitteilung, 10.02.2021, online verfügbar unter: {https://www.uke.de/dateien/einrichtungen/unternehmenskommunikation/pressemitteilungen/2021/pm 20210210_ergebnisse_2__befragung_copsy_studie.pdf}.

15 Ulrike Ravens-Sieberer, Christiane Otto, Anne Kaman, »Mental Health and Quality of Life in Children and Adolescents During the COVID-19 Pandemic. Results of the COPSY study«, *Deutsches Ärzteblatt International* (2020); 117: S. 828f., S. 828, online verfügbar unter: {DOI: 10.3238/arztebl.2020.0828}.

16 Julian Witte, Manuel Batram, Lena Hasemann, »Folgen der Pandemie in der Krankenhausversorgung 2020. DAK-Sonderanalyse im Rahmen des Kinder- und Jugendreports«, *Vandage Health Economics Analytics*, 09.09.2020, online verfügbar unter: {https://www.dak.de/dak/download/studie-2480806.pdf}; Martin Bujard, Ellen von den Driesch, Kerstin Ruckdeschel et al., »Belastungen von Kindern, Jugendlichen und Eltern in der Corona-Pandemie«, in: *BiB.Bevölkerungs.Studien*, 02.2021, online verfügbar unter: {DOI: 10.12765/bro-2021-02}; Julian Witte, Alena Zeitler, Manuel Batram et al., »Rapid Report. Kinder- und Jugendreport 2022. Kinder- und Jugendgesundheit in Zeiten der Pandemie«, *Vandage Health Economics*, 03.08.2022, online verfügbar unter: {https://www.dak.de/dak/download/dak-kjr22-vand-report-pdf-2572514.pdf}.

17 Robert Schlack, Laura Neupert, Stephan Junker et al., »Veränderung der psychischen Gesundheit in der Kinder- und Jugendbevölkerung in Deutschland während der Covid-19-Pandemie – Ergebnisse eines Rapid Reviews«, in: *Journal of Health Monitoring* 8 (S9), 2023, online verfügbar unter: {https://www.rki.de/DE/Content/Gesundheitsmonitoring/Gesundheitsberichterstattung/GBEDownloadsJ/JHealth Monit_2023_S1_Rapid_Review_Psy_Ges_Ki_Ju.pdf?__blob=publicationFile}, S. 25.

18 Psychische Gesundheit von Kindern und Jugendlichen während der ersten und

zweiten Welle der COVID-19-Pandemie. Ergebnisse der COPSY-Längsstudie. Hrsg. von Anne Kaman (u.a.). In: *frühe kindheit* (02/21), S. 36.

19 Robert Schlack, Laura Neupert, Stephan Junker et al. (2023), S. 25.

20 Deutsche Adipositas-Gesellschaft e.V. (DAG), »Forsa-Umfrage zeigt Folgen der Corona-Krise für Kinder: Gewichtszunahme, weniger Bewegung, mehr Süßwaren – Jedes sechste Kind ist dicker geworden«, Pressemitteilung, Berlin/München 31.5.2022, online verfügbar unter: {https://adipositas-gesellschaft.de/forsa-umfrage-zeigt-folgen-der-corona-krise-fuer-kinder-gewichtszunahme-weniger-bewegung-mehr-suesswaren-jedes-sechste-kind-ist-dicker-geworden/}; Alexander Woll, Leon Klos, Alexander Burchartz et al., »Cohort Profile Update: The Motorik-Modul (MoMo) Longitudinal Study – Physical Fitness and Physical Activity as Determinants of Health Development in German Children and Adolescents«, in: *International Journal of Epidemiology* 50 (2): 393-94, 08.03.2021, online verfügbar unter: {https://doi.org/10.1093/ije/dyaa281}. S. auch die beiden DAK-Berichte 2020 und 2021.

21 BMG und BMFSFJ, »Übersicht zu gesundheitlichen Auswirkungen der Corona-Pandemie auf Kinder und Jugendliche«, Gemeinsamer Bericht BMG und BMFSFJ, 30.06.2021, online verfügbar unter: {https://www.bmfsfj.de/resource/blob/183046/9880e626abodfcf849ec16001538f398/kabinett-auswirkungen-corona-kinder-jugendliche-data.pdf}.

22 Susanne Kuger, Walter Haas, Bernhard Kalicki et al., »Kindertagesbetreuung und Infektionsgeschehen während der COVID-19-Pandemie, Abschlussbericht der Corona-KiTa-Studie«, Deutsches Jugendinstitut e.V. (Hrsg.), 2022, S. 100-101, online verfügbar unter: {https://www.dji.de/fileadmin/user_upload/dasdji/news/2022/DJI_Abschlussbericht_Corona%20KiTa-Studie_221102.pdf}.

23 Martin Bujard, Ellen von den Driesch, Kerstin Ruckdeschel et al. (2021).

24 DAK-Gesundheit, »Mediensucht 2020 – Gaming und Social Media in Zeiten von Corona«; sowie DAK-Gesundheit, »Mediensucht steigt in Corona-Pandemie stark an«, Pressemitteilung (04.11.2021), online verfügbar unter: {https://www.dak.de/dak/bundesthemen/mediensucht-steigt-in-corona-pandemie-stark-an-2508248.html#/}.

25 DAK-Gesundheit, »DAK-Studie: In Pandemie hat sich Mediensucht verdoppelt«, Pressemitteilung (14.03.2023), online verfügbar unter: {https://www.dak.de/dak/bundesthemen/dak-studie-in-pandemie-hat-sich-mediensucht-verdoppelt-2612364.html#/}.

26 Ebd.

27 Katharina Werner und Ludger Woessmann, »The Legay of Covid-19 in Education«, in: *Economic Policy* (07.09.2023), online verfügbar unter: {https://doi.org/10.1093/epolic/eiado16}.

28 Rainer Thomasius, »Statement von Prof. Dr. Rainer Thomasius, Ärztlicher Leiter des Deutschen Zentrums für Suchtfragen des Kindes und Jugendalters am UKE, im Rahmen der Pressekonferenz *Präventionsoffensive Mediensucht 2020 – Gaming und Social-Media-Nutzung in Corona-Zeiten*«, DAK-Gesundheit, Pressemeldung (29.07.2020), online verfügbar unter: {https://www.dak.de/dak/download/statement-2296312.pdf}.

29 DAK-Gesundheit (2023).

30 Nutzer unter 18 Jahren hätten demnach zwischen 22 Uhr abends und sechs Uhr morgens keinen Internet-Zugang mehr, für 8- bis 16-Jährige wäre die Dauer auf eine Stunde begrenzt und für unter Achtjährige auf acht Minuten. 2021 hat China bereits Beschränkungen für Videospiele eingeführt: »›Minderjährigen-Modus‹ – China will Handynutzung für Kinder stark begrenzen«, Reuters, in: *Frankfurter All-*

gemeine PRO D:Economy (aktualisiert 02.08.2023), online verfügbar unter: {https://www.faz.net/pro/d-economy/china-will-handy-nutzung-fuer-kinder-und-jugendliche-stark-begrenzen-19076280.html}.

31 »Meta wird wegen Gefährdung junger Nutzer verklagt«, in: *Frankfurter Allgemeine Zeitung* (26.10.2023), online verfügbar unter: {https://www.faz.net/aktuell/wirtschaft/onlineplattformen-meta-wird-wegen-gefaehrdung-junger-nutzer-verklagt-19268230.html}.

32 Robert Schlack, Laura Neupert, Heike Hölling et al., »Auswirkungen der COVID-19-Pandemie und der Eindämmungsmaßnahmen auf die psychische Gesundheit von Kindern und Jugendlichen«, in: *Journal of Health Monitoring* 5 (4), 2020, online verfügbar unter: {DOI 10.25646/7173}; Ulrike Ravens-Sieberer, Anna Kaman, Christiane Otto et al. (2020), S. 829.

33 Ebd.

34 S. dazu z.B. »Kinderpsychiater schlagen Alarm« und »Psychisch kranke Kinder warten überall«, in: *Stuttgarter Zeitung* (27.07.2021), S. 1 und S. 6.

35 Annic Weyersberg, Bernd Roth, Ursula Köstler et al. »Pädiatrie: Gefangen zwischen Ethik und Ökonomie«, in: *Deutsches Ärzteblatt* 116 (37), 2019, online verfügbar unter: {https://www.aerzteblatt.de/archiv/209667/Paediatrie-Gefangen-zwischen-Ethik-und-Oekonomie}.

36 Deutsche Gesellschaft für Kinder- und Jugendmedizin: »Kinderkliniken vernünftig finanzieren: Die DGKJ zu den Folgen der Ökonomisierung in der Kinder- und Jugendmedizin«, aktualisiert 27.01.2023, online verfügbar unter: {https://www.dgkj.de/unsere-arbeit/politik/faqs-finanzierung-kinderkliniken}; Annic Weyersberg, Bernd Roth, Ursula Köstler (2019); Lucia Schmidt, »Medizin ohne Empathie«, in: *Frankfurter Allgemeine Zeitung* (14.09.2019), S. 1; Lucia Schmidt, »Wenn sich Finanzlage und Ethos gegenüberstehen«, in: *Frankfurter Allgemeine Zeitung* (aktualisiert 15.09.2019), online verfügbar unter:https://www.faz.net/aktuell/politik/inland/oekonomischer-druck-und-mangel-in-kinderkliniken-16383317.html}.

37 Vgl. z.B. Anja Braun, Elena Weidt, »Überlastete Psychiatrien: Werden kranke Kinder weggeschickt?«, in: *SWR Wissen* (02.07.2021), online verfügbar unter: {https://www.swr.de/wissen/kinder-jugendliche-mit-psychischen-problemen-100.html}; und Veronika Arnold, »Verheerende Langzeitfolgen für Kinder gefährlicher als Corona-Erkrankung: Mediziner sprechen schon von Triage«, in: *Merkur.de* (31.05.2021), online verfügbar unter: {https://www.merkur.de/deutschland/corona-kinder-langzeitfolgen-triage-psychiatrien-massnahmen-aerzte-warnung-depressionen-suizide-zr-90635898.html}.

38 Dass die staatlichen Corona-Maßnahmen zum Gesundheitsschutz bestimmter Bevölkerungsgruppen die Gesundheit der Kinder und Jugendlichen und ihr entsprechendes Recht auf Gesundheit massiv beeinträchtigten, gerät völlig aus dem Blick, wenn man das normative Problem der Maßnahmen auf das Abwägen zwischen Gesundheits- und Lebensschutz einerseits und Achtung individueller Freiheiten andererseits verengt, wie es im Sammelband »Freiheit oder Leben? Das Abwägungsproblem der Zukunft« (Berlin, 2022) geschieht (mit der kleinen Ausnahme auf S. 278).

39 Marta Nussbaum, »Fähigkeiten schaffen. Neue Wege zur Verbesserung menschlicher Lebensqualität«, Freiburg/München 2011, S. 41.

40 Ebd., S. 40f.

41 S. dazu Gottfried Schweiger, »Arme dicke Kinder«, in: Johannes Drerup, Christoph Schickhardt (Hrsg.), »Kinderethik: Aktuelle Perspektiven – klassische Problemvorgaben«, Münster 2017), der den Begriff »korrosiver Nachteil« auf Adipositas bei Kin-

dern anwendet, im Rahmen einer größeren theoretischen Weiterentwicklung von Martha Nussbaums Fähigkeiten-Ansatzes für die Kinderethik.

42 Friederike Wapler, »Kinderrechte und Kindeswohl«, Tübingen 2015, S. 506.

43 Kai W. Müller, »Die Nutzung von sozialen Medien durch Kinder und Jugendliche. Ein Überblick über gesundheitsrelevante Aspekte«, in: *Kinder- und Jugendmedizin* 20 (04): 229-236, 2020, online verfügbar unter: {DOI: 10.1055/a-1204-5116}. Für den Versuch einer kinderethischen, kritischen Betrachtung der Rolle von Medien bezüglich Essstörungen bei Kindern und Jugendlichen s.: Christoph Schickhardt, »Eating Disorders in Minors and the Role of the Media. An Ethical Investigation«, in: Johannes Drerup, Gunter Graf, Christoph Schickhardt et al. (Hrsg.), in: »Justice, Education and the Politics of Childhood. Challenges and Perspectives«, Berlin 2016, S. 65-86.

44 Cornelia Rabe-Menssen, Liza Hübner, Enno Maaß, »Report Psychotherapie 2023«, in: *Sonderausgabe Psychische Gesundheit in der COVID-19-Pandemie* (05/2023), online verfügbar unter: {https://www.dptv.de/fileadmin/Redaktion/Bilder_und_Dokumente/Wissensdatenbank_oeffentlich/Report_Psychotherapie/DPtV_Report_Psychotherapie_2023.pdf}, S. 34.

6 Die Kosten der Pandemie

1 Statistisches Bundesamt, »Ausgaben für öffentliche Schulen 2021 bei 9200 Euro je Schülerin und Schüler«, Pressemitteilung Nr. 082 (03.03.2023), online verfügbar unter: {https://www.destatis.de/DE/Presse/Pressemitteilungen/2023/03/PD23_082_217.html}.

2 Clemens Fuest, »ifo-Standpunkt: Ökonomische Folgen der Covid-19-Pandemie und Lehren für künftige Krisen: Ergebnisse aus der Wirtschaftsforschung«, in: *Forschung und Lehre* (11/2021), online verfügbar unter: {https://www.ifo.de/publikationen/2021/ifo-standpunkt/oekonomische-folgen-der-covid-19-pandemie-und-lehren-fuer}; Leopoldina, »Stellungnahme: Ökonomische Konsequenzen der Coronavirus-Pandemie. Diagnosen und Handlungsoptionen« (07/2021), online verfügbar unter: {https://www.leopoldina.org/uploads/tx_leopublication/2021_%C3%96konomische_Konsequenzen_der_Coronavirus-Pandemie.pdf}.

3 Ludger Wößmann, »Folgekosten ausbleibenden Lernens: Was wir über die Corona-bedingten Schulschließungen aus der Forschung lernen können«, in: *ifo Schnelldienst* 6/2020, 73. Jahrgang (10.07.2020), S. 38-44, S. 38, online verfügbar unter: {https://www.ifo.de/publikationen/2020/aufsatz-zeitschrift/folgekosten-ausbleibenden-lernens-was-wir-ueber-die-corona}.

4 Ebd., S. 42.

5 Katharina Werner, Ludger Wößmann, »The legacy of Covid-19 in education«, in: *Economic Policy* (07.09.2023), online verfügbar unter: {https://doi.org/10.1093/epolic/eiad016}.

6 Antje Funcke, Sarah Menne, »Factsheet: Kinderarmut in Deutschland«, Bertelsmann Stiftung (21.07.2020), S. 1, online verfügbar unter: {https://www.bertelsmann-stiftung.de/de/publikationen/publikation/did/factsheet-kinderarmut-in-deutschland}.

7 Antje Funcke, Sarah Menne (2020), S. 1.

8 »Diakonie: Im Lockdown fehlt bedürftigen Kindern Schulessen«, *Zeit online* (04.01.2021), online verfügbar unter: {https://www.zeit.de/news/2021-01/04/diakonie-im-lockdown-fehlt-beduerftigen-kindern-schulessen}.

9 Katharina Werner, Ludger Wößmann (2023); auch eine großangelegte Meta-Analyse

von 42 Studien aus 15 Ländern – darunter vier aus Deutschland – aus dem Jahr 2023 sieht die stärksten Lerndefizite bei Schülerinnen und Schülern mit niedrigem sozioökonomischen Status, s. Bastian A. Betthäuser, Anders M. Bach-Mortensen, Per Engzell, »A systematic review and meta-analysis of the evidence on learning during the COVID-19 pandemic«, in: *Nature Human Behaviour* 7 (30.01.2023), S. 375-385, online verfügbar unter: {https://doi.org/10.1038/s41562-022-01506-4}.

10 Deutscher Paritätischer Gesamtverband, »Zwischen Pandemie und Inflation, Paritätischer Wohlfahrtsbericht 2022«, aktualisierte 2. Aufl. (03/2022), online verfügbar unter: {https://www.der-paritaetische.de/fileadmin/user_upload/Schwerpunkte/Armutsbericht/doc/Armutsbericht_2022_aktualisierte_Auflage.pdf}.

11 Ebd., S.4.

12 Dieser Rekordgewinn der Dax-Unternehmen ist, so der Artikel aus dem *Handelsblatt*, *nicht* der Aufstockung der Anzahl der Dax-Unternahmen von dreißig auf vierzig im September 2021 geschuldet, da die zehn neuen Dax-Unternehmen nur 6,7 Milliarden Euro zur Gesamtgewinnsumme beitrugen. Ulf Sommer, »Firmenbilanzen: Dax-Konzerne haben 2021 so viel verdient wie nie zuvor«, in: *Handelsblatt* (30.03.2022), online verfügbar unter: {https://www.handelsblatt.com/unternehmen/management/firmenbilanzen-dax-konzerne-haben-2021-so-viel-verdient-wie-nie-zuvor/28210802.html}.

13 EY, »Rekord-Dividende der DAX-Konzerne fließt zum Großteil an ausländische Anleger«, Pressemitteilung (23.09.22), in: *EY Germany*, online verfügbar unter: {https://www.ey.com/de_de/news/2022-pressemitteilungen/09/rekord-dividende-der-dax-konzerne-fliesst-zum-grossteil-an-auslaendische-anleger}.

14 Manuel Schmitt, Tobias Hauschild, »Gewaltige Ungleichheit – Warum unser Wirtschaftssystem von struktureller Gewalt geprägt ist und wie wir es gerechter gestalten können«, Oxfam Deutschland (Januar 2022), online verfügbar unter: {https://www.oxfam.de/system/files/documents/oxfam_factsheet_gewaltige_ungleichheit.pdf}.

15 S. Antje Funcke, Sarah Menne (2020); s. auch Gottfried Schweiger: »Warum Kinder arm sind«, in: *Kursbuch* »Menschenskinder!« 201 (56), März 2020, S. 61-76,

16 Leopoldina: »Ökonomische Folgen der Corona-Virus-Pandemie: Leopoldina zeigt Handlungsoptionen auf« (21.07.21), online verfügbar unter: {https://www.leopoldina.org/presse-1/nachrichten/oekonomische-folgen-der-coronavirus-pandemie/}.

17 Olga Goldfayn-Frank, Vivien Lewis, Nils Wehrhöfe: »Der Kinderbonus in der Corona-Pandemie: Umverteilung statt Fiskalimpuls«, in: *Research Brief*, Deutsche Bundesbank (Hrsg.), 48. Ausgabe (13.06.2022), online verfügbar unter: {https://www.bundesbank.de/de/publikationen/forschung/research-brief/2022-48-kinderbonus-892708}.

18 dpa/aerzteblatt.de: »Bundestag segnet Kinderbonus und Zuschuss für Geringverdiener ab«, in: *aerzteblatt.de* (26.02.2021), online verfügbar unter: {https://www.aerzteblatt.de/nachrichten/121569/Bundestag-segnet-Kinderbonus-und-Zuschuss-fuer-Geringverdiener-ab}.

19 Bundesministerium für Familie, Senioren, Frauen und Jugend, »Aktionsprogramm »Aufholen nach Corona für Kinder und Jugendliche«« (04.01.2022), online verfügbar unter: {https://www.bmfsfj.de/bmfsfj/aktuelles/alle-meldungen/aktionsprogramm-aufholen-nach-corona-fuer-kinder-und-jugendliche--178422}.

20 Die Bundesregierung, »Corona-Wirtschaftshilfen der Bundesregierung« (04.01.2022), online verfügbar unter: {https://www.bundesregierung.de/resource/blob/

974430/1995230/3838ef36ea352e9af06a13b4454416ed/2022-01-07-mpk-corona-wirtschafthilfen-data.pdf?download=1}.

21 Vera Freundl, Clara Stiegler, Larissa Zierow, »Europas Schulen in der Corona-Pandemie – ein Ländervergleich, in: *ifo Schnelldienst* 12, 74. Jahrgang (08.12.2021), S.48, online verfügbar unter: {file:///C:/Users/peters/Downloads/sd-2021-12-freundl-stiegler-zierow-schulen-europa-corona%20(3).pdf}.

22 Marcel Helbig, Benjamin Edelstein, Detlef Fickermann et al., »Aufholen nach Corona? Maßnahmen der Länder im Kontext des Aktionsprogramms von Bund und Ländern«, in: *Die Deutsche Schule*, Beiheft 19, Münster 2022, S.355, online abrufbar unter: {DOI: 10.25656/01:25832}.

23 Statistisches Bundesamt, »Öffentliche Schulden im Jahr 2020 um 14,4 % gegenüber dem Vorjahr gestiegen«, Pressemitteilung Nr. 145 (25.03.2021), online verfügbar unter: {https://www.destatis.de/DE/Presse/Pressemitteilungen/2021/03/PD21_145_713.html;jsessionid=F8513871378197CADFC1AE78D7B6A835.live741}.

24 Statistisches Bundesamt, »Öffentliche Schulden steigen zum Jahresende 2021 auf neuen Höchststand von 2,3 Billionen Euro«, Pressemitteilung Nr.136 (30.03.2022), online verfügbar unter: {https://www.destatis.de/DE/Presse/Presse mitteilungen/2022/03/PD22_136_713.html}.

25 Joanna Rudnicka, »Verschuldung von Deutschland gemäß Maastricht-Vertrag in Prozent des BIP von 1991 bis 2022«, in: *statista* (12.10.2023), online verfügbar unter: {https://de.statista.com/statistik/daten/studie/154800/umfrage/deutsche-schuldenquote-seit-2003/}; Joanna Rudnicka, »Staatsverschuldung: Veränderung der Schulden des Öffentlichen Gesamthaushalts in Deutschland im Vergleich zum Vorjahr von 1992 bis 2022«, in: *statista* (07.08.2023), online verfügbar unter: {https://de.statista.com/statistik/daten/studie/633/umfrage/entwicklung-des-schuldenstands-der-oeffentlichen-haushalte-seit-1992/}; Joanna Rudnicka, »Staatsverschuldung: Höhe der Schulden des Öffentlichen Gesamthaushalts und des Bundes in Deutschland von 1950 bis 2022«, in: *statista* (07.08.2023), online verfügbar unter: {https://de.statista.com/statistik/daten/studie/157804/umfrage/entwicklung-des-schulden stands-des-bundes-seit-1969/}.

26 Bundesverfassungsgericht, »Leitsätze zum Beschluss des Ersten Senats vom 24. März 2021 (Klimaschutz)« (24.03.2021), online verfügbar unter: {https://www.bundesverfassungsgericht.de/SharedDocs/Entscheidungen/DE/2021/03/rs20210324_1bvr265618.html}.

27 Donella Meadows et al, »The Limits of Growth. A Report for the Club of Rome's Project on the Predicament of Mankind«, 1972, deutsche Übersetzung von Hans-Dieter Heck, 14. Aufl., Stuttgart 1987.

28 Hans Jonas, »Das Prinzip Verantwortung. Versuch einer Ethik für die technologische Zivilisation«, Frankfurt/M. 1979.

29 Hans Jonas, »Technik, Medizin und Ethik. Zur Praxis des Prinzips Verantwortung«, Frankfurt/M. 1985, S.45.

30 Hans Jonas (1985), S.67.

31 Clemens Fuest (2021), S.2.

32 Holger Hofmann, Uwe Kamp, Torsten Kraus et al., »Kinderreport Deutschland 2023 – Kinderarmut in Deutschland«, Deutsches Kinderhilfswerk e.V. (Hrsg.), 2023, online verfügbar unter: {https://www.dkhw.de/fileadmin/user_upload/Kinderreport_2023.pdf}.

7 Kinder und Jugendliche und die Impfpolitik

1 Jan-Claudius Hanika, »Corona-Rückblick 2021: Virusvarianten, Wellen und Impf-stoffe«, in: *BR Wissen* (30.12.2021), online verfügbar unter: {https://www.br.de/nachrichten/wissen/corona-rueckblick-2021-virusvarianten-wellen-und-impfstoffe, SsEYVOa}.

2 Bundesministerium für Gesundheit, »Verordnung zum Anspruch auf Schutzimp-fung gegen das Coronavirus SARS-CoV-2, (Coronavirus-Impfverordnung – Co-ronaImpfV)«, 08.02.2021 (§ 4, Abs. 1, Nr. 8), online abrufbar unter: {https://www.bundesanzeiger.de/pub/de/amtliche-veroeffentlichung?5}.

3 Bundesministerium für Gesundheit, »Erste Verordnung zur Änderung der Co-ronavirus-Impfverordnung«, 24.02.2021, online abrufbar unter: {https://www.bundesgesundheitsministerium.de/fileadmin/Dateien/3_Downloads/C/Coronavirus/Verordnungen/1._AEndVO_zur_CoronaImpfV_BAnz_AT_24.02.2021_V1.pdf}.

4 Bundesministerium für Gesundheit: »Verordnung zum Anspruch auf Schutzimp-fung gegen das Coronavirus SARS-CoV-2 (Coronavirus-Impfverordnung – Co-ronaImpfV)«, 10.02.2021, (§ 3 Abs. 1 Nr. 9 und § 4, Abs. 1, Nr. 8), online abrufbar unter: {https://www.bundesgesundheitsministerium.de/fileadmin/Dateien/3_Downloads/C/Coronavirus/Verordnungen/Corona-ImpfV_BAnz_AT_11.03.2021_V1.pdf}.

5 kle/qu (dpa, afp, rtr), »EMA lässt BioNTech-Vakzin für Jugendliche zu«, in: *Deut-sche Welle* (28.05.2021), online verfügbar unter: {https://www.dw.com/de/ema-gibt-grünes-licht-für-impfung-von-jugendlichen-mit-biontech-pfizer/a-57703478}.

6 bard./AFP/Reuters/dpa, »Spahn will Kinderimpfungen auch ohne Stiko-Empfeh-lung«, in: *Frankfurter Allgemeine Zeitung* (aktualisiert 26.05.2021), online verfügbar unter: {https://www.faz.net/aktuell/politik/inland/spahn-will-corona-impfung-fuer-kinder-auch-ohne-stiko-empfehlung-17358671.html}.

7 Anno Fricke, Thomas Hommel, »Kinder-Impfgipfel: Ärzte zweifeln an Plänen der Politik«, in: *Ärztezeitung* (26.05.2021, aktualisiert 27.05.2021), online verfügbar unter: {https://www.aerztezeitung.de/Politik/Kinder-Impfgipfel-Aerzte-zweifeln-an-Plaenen-der-Politik-419871.html}.

8 Jan-Claudius Hanika (2021).

9 STIKO: »6. Aktualisierung der COVID-19-Impfempfehlung, Empfehlung bei Lie-ferengpässen von Impfstoffen«, *Epidemiologisches Bulletin* 23 (10.06.2021), online abrufbar unter: {https://www.rki.de/DE/Content/Infekt/EpidBull/Archiv/2021/Ausgaben/23_21.pdf?__blob=publicationFile}.

10 dpa/aerzteblatt.de, »Debatte um Impfungen für Jugendliche flammt wieder auf«, in: *aerzteblatt.de* (05.07.2021), online verfügbar unter: {https://www.aerzteblatt.de/nachrichten/125304/Debatte-um-Impfungen-fuer-Jugendliche-flammt-wieder-auf}.

11 Miriam Hollstein, »Impfungen für Jugendliche: Länder widersetzen sich Stiko«, in: *WAZ Funke Medien* (02.08.2021), online verfügbar unter: {https://www.waz.de/politik/corona-kinder-impfung-angebot-stiko-jugendliche-id232947603.html}; Kim Björn Becker, Lucia Schmidt, »Die Entfremdung«, in: *Frankfurter Allgemeine Zeitung* (19.07.2021), S. 3.

12 Ines Eisele, »Wie regeln andere Länder Kinderimpfungen?«, in: *Deutsche Welle* (05.08.2021), online verfügbar unter: {https://www.dw.com/de/corona-wie-regeln-andere-l%C3%A4nder-kinderimpfungen/a-58758952}.

13 se/uh, »Bundesländer wollen 12- bis 17-Jährige impfen«, in: *Deutsche Welle* (02.08.2021), online verfügbar unter: {https://www.dw.com/de/bundesl%C3%A4nder-wollen-12-bis-17-j%C3%A4hrige-impfen-lassen/a-58734905}.

14 STIKO, »Mitteilung der STIKO zur Aktualisierung der COVID-19-Impfempfehlung für Kinder und Jugendliche«, 16.08.2021, online abrufbar unter: {https://www.rki. de/DE/Content/Kommissionen/STIKO/Empfehlungen/PM_2021-08-16.html}.

15 Miriam Hesse, »Stiko-Chef Mertens: ›Der Impfdruck auf Kinder ist absurd‹«, in: *Stuttgarter Zeitung* (29.09.2021), online verfügbar unter: {https://www.stuttgarter-zeitung.de/inhalt.stiko-chef-mertens-der-impfdruck-auf-kinder-ist-absurd.bcfba92b-4c95-4407-a841-288f61672908.html?reduced=true}.

16 Deutscher Ethikrat, »Wie soll der Zugang zu einem COVID-19-Impfstoff geregelt werden?« (09.11.2020), online verfügbar unter: {https://www.ethikrat.org/fileadmin/ Publikationen/Ad-hoc-Empfehlungen/deutsch/gemeinsames-positionspapier-stiko-der-leopoldina-impfstoffpriorisierung.pdf}; Deutscher Ethikrat, »Besondere Regeln für Geimpfte? Ad-hoc-Empfehlung« (04.02.2021), online verfügbar unter: {https:// www.ethikrat.org/fileadmin/Publikationen/Ad-hoc-Empfehlungen/deutsch/ad-hoc-empfehlung-besondere-regeln-fuer-geimpfte.pdf}.

17 Deutscher Ethikrat, »Zur Impfpflicht gegen Covid-19 für Mitarbeitende in besonderer beruflicher Verantwortung. Ad-hoc-Empfehlung« (11.11.2021), online verfügbar unter: {https://www.ethikrat.org/fileadmin/Publikationen/Ad-hoc-Empfehlungen/ deutsch/ad-hoc-empfehlung-berufsbezogene-impfpflicht.pdf}.

18 Paul-Ehrlich-Institut, »Ausschuss für Humanarzneimittel bei der EMA empfiehlt Zulassungserweiterung für den COVID-19-Impfstoff Comirnaty von BioNTech/Pfizer ab 5 Jahren« (aktualisiert 25.11.2021), online verfügbar unter: {https://www.pei.de/ DE/newsroom/hp-meldungen/2021/211125-ema-empfiehlt-zulassungserweitung-comirnaty-ab-5-jahren.html}.

19 dpa-Newskanal, »Söder will Impfpflicht ab zwölf Jahren diskutieren«, in: *Süddeutsche Zeitung* (02.12.2021), online verfügbar unter: {https://www.sueddeutsche.de/ bayern/gesundheit-muenchen-soeder-will-impfpflicht-ab-zwoelf-jahren-diskutieren-dpa.urn-newsml-dpa-com-20090101-211202-99-225188}.

20 dpa-Newskanal, »Knapp 20 Prozent der bayerischen Polizisten nicht geimpft«, in: *Süddeutsche Zeitung* (02.12.2021), online verfügbar unter: {https://www.sued deutsche.de/bayern/polizei-muenchen-knapp-20-prozent-der-bayerischen-polizisten-nicht-geimpft-dpa.urn-newsml-dpa-com-20090101-211202-99-232131}.

21 Robert Koch-Institut, »Pressemitteilung der STIKO zur COVID-19-Impfempfehlung für Kinder im Alter von 5 bis 11 Jahren« (09.12.2021), online verfügbar unter: {https://www.rki.de/DE/Content/Kommissionen/STIKO/Empfehlungen/PM_2021-12-09.html}.

22 Deutscher Caritasverband e.V.: »Stellungnahme zu einem Gesetzentwurf zur Stärkung der Impfprävention gegen COVID-19 und zur Änderung weiterer Vorschriften im Zusammenhang mit der COVID-19-Pandemie«, online verfügbar unter: {https:// www.bundestag.de/resource/blob/870616/8aadf9e9488ec8088f5ab116e3bef6d5/ Stellungnahme-Caritas-data.pdf}.

23 dpa/aerzteblatt.de, »Coronalage in Krankenhäusern spitzt sich zu, eingeschränkter Betrieb erwartet«, in: *aerzteblatt.de* (08.11.2021), online verfügbar unter: {https:// www.aerzteblatt.de/nachrichten/128855/Coronalage-in-Krankenhaeusern-spitzt-sich-zu-eingeschraenkter-Betrieb-erwartet}.

24 Deutscher Ethikrat, »Ethische Orientierung zur Frage einer allgemeinen gesetzlichen Impfpflicht, Ad-hoc-Empfehlung« (22.12.2021), online verfügbar unter: {https://www.ethikrat.org/fileadmin/Publikationen/Ad-hoc-Empfehlungen/deutsch/ ad-hoc-empfehlung-allgemeine-impfpflicht.pdf}.

25 Ebd.

26 Ebd.

27 Ebd.

28 Sebastian Vollmer, »Was eine Impfpflicht rechtfertigen könnte«, in: *Frankfurter Allgemeine Zeitung* (16.08.2021), S. 12.

29 Zur Kritik an der Impfpolitik und ihrer Kommunikation s. z.B.: Edo Reents, »Dieser intime, hochemotionale Piks«, in *Frankfurter Allgemeine Zeitung* (15.11.2021), S. 13.

30 Christian Geinitz: »Viele Mitarbeitende empfinden das Pflegebonus-Verfahren als Belastung«, in: *FAZ.NET* (27.01.2022).

31 Rüdiger von Kries, »Meinungen zu Impfungen – Kinder sind keine Verfügbarkeitsmasse«, in: *Deutschlandfunk Kultur* (29.11.2021), online verfügbar unter: {https://www.deutschlandfunkkultur.de/kinder-corona-impfung-102.html}; Christian Geinitz: »Kinderimpfen wird überschätzt. Die Verantwortung für den weiteren Verlauf der Pandemie liegt bei den Älteren«, in: *Frankfurter Allgemeine Zeitung* (18.08.2021), S. 16.

32 Euronews, »Covid-19-Intensivmediziner berichtet: Es sterben ungeimpfte Eltern«, in: *Euronews* (04.11.2021), online verfügbar unter: {https://de.euronews.com/2021/11/04/covid-19-in-osterreich-ungeimpft-neuinfektionen-sterben-eltern-intensiv station-corona}.

33 HJT Unwin et al., »Global, regional, and national minimum estimates of children affected by COVID-19-associated orphanhood and caregiver death, by age and family circumstance up to Oct 31, 2021: an updated modelling study«, in: *Lancet Child Adolescent Health* 6 (4), 04/2022, S. 249-259, online verfügbar unter: {doi: 10.1016/S2352-4642(22)00005-0}.

34 »Covid-19 Orphanhood«, in: *Imperial College London*, online verfügbar unter: {https://imperialcollegelondon.github.io/orphanhood_calculator/#/country/Germany}.

35 Wiebke Dumpe, »Ethikrat-Mitglied fordert Impfpflicht für Lehrer – Land NRW dagegen«, in: *Rheinische Post* (12.07.2021), online verfügbar unter: {https://rp-online.de/podcasts/aufwacher/der-nachrichtenpodcast-vom-12-juli-2021_aid-61127677}.

36 Tobias Peter im Interview mit Heinz-Peter Meidinger, »Lehrerpräsident Meidinger: »Die Maskenpflicht macht unsere Schulen sicherer««, in: *RedaktionsNetzwerk Deutschland* (08.11.2021), online verfügbar unter: {https://www.rnd.de/politik/lehrerpraesident-meidinger-die-maskenpflicht-macht-unsere-schulen-sicherer-NIIZDCJZIFD25MMUJLNFA5WUNU.html}.

37 Christoph Schickhardt, »Ungerechtigkeit als System. Kitas und Schulen öffnen teils wieder, doch Kinder stehen schon jetzt als die großen Verlierer der Pandemie und der Corona-Politik fest«, in: *Frankfurter Allgemeine Zeitung* (23.02.21), S. 10.

38 Deutscher Ethikrat: »Ad-hoc-Empfehlung, Pandemie und psychische Gesundheit, Aufmerksamkeit, Beistand und Unterstützung für Kinder, Jugendliche und junge Erwachsene in und nach gesellschaftlichen Krisen«, (22.11.22), S. 2, online verfügbar unter: {file:///C:/Users/peters/Downloads/ad-hoc-empfehlung-pandemie-und-psychische-gesundheit%20(2).pdf}, S. 2.

39 Ebd., S. 4.

40 Klaus Günther, Uwe Volkmann (Hrsg.), »Freiheit oder Leben? Das Abwägungsproblem der Zukunft«, Berlin 2022.

41 Dies könnte vielleicht auch etwas mit dem Alter der 17 am Sammelband beteiligten Personen zu tun haben, von denen, nach Angaben aus Wikipedia, nur zwei nach 1966 geboren wurden.

42 Jürgen Habermas, »Grundrechtsschutz in der pandemischen Ausnahmesituation. Zum Problem der gesetzlichen Verordnung staatsbürgerlicher Solidarität«, in: Klaus Günther, Uwe Volkmann (2022), S. 44.

43 Zu einem soziologisch-kritischen Blick auf die »Kollektivmoral der Befürchtungs-gemeinschaft« in der Pandemie s. Klaus Kraemer (2022), »How do state authorities act under existential uncertainty? Hypotheses on the social logic of political deci-sion-making processes during the coronavirus pandemic«, in: *Culture, Practice and Europeanization*, Vol. 7 (2022), pages 5-36, online verfügbar unter: {doi: https://doi.org/10.5771/2566-7742-2022-1-5}, S. 28.

44 Johannes Pennekamp, »Die Jungen brauchen kein Mitleid«, in: *Frankfurter Allge-meine Zeitung* (12.05.21), S. 15.

45 Angela Merkel: Pandemie ist eine Zumutung für »uns alle«, Pressekonferenz aus dem Haus der Berliner Pressekonferenz (21.01.2021), online verfügbar unter: {https://archiv.cdu.de/artikel/merkel-pandemie-ist-eine-zumutung-fuer-uns-alle}.

46 Georg Ismar und Robert Birnbaum im Interview mit Wolfgang Schäuble, »›Der Weg zurück würde fürchterlich.‹ Bundestagspräsident Wolfgang Schäuble über die schwierigen Lockerungen in der Corona-Krise – und das Dilemma der Handelnden«, in: *Der Tagesspiegel* (26.04.20). S. 3.

47 19. November 2021 Bundesnotbremse II (Schulschließungen), 1 BvR 971/21, 1 BvR 1069/21.

48 Urteil vom 19. November 2021 zur sogenannten Bundesnotbremse I. Zur Kritik da-ran s. u. a. Thorsten Kingreen, »Das Recht auf Leben und körperliche Unversehrtheit. Bedeutungsdimensionen und Wandlung eines Grundrechts«, in: Klaus Günther, Uwe Volkmann (2022), S. 103-123, S. 120 f.

49 Lauterbach und Drosten im SPIEGEL-Gespräch, »Es war eine grauenvolle Zeit«, ein Interview von Rafaela von Bredow und Markus Feldenkirchen, in: *DER SPIEGEL* (7/2023), S. 43.

50 Vera Wolfskämpf: »Kita-Schließungen waren laut Studie unnötig«, in: *tagesschau.de* (02.11.2022), online verfügbar unter: {https://www.tagesschau.de/inland/gesellschaft/corona-studie-109.html#:~:text=Denn%20das%20habe%20die%20%22Corona,Pan demie%20nicht%20n%C3%B6tig%20gewesen%20w%C3%A4ren.%22}.

51 Katharina Werner, Ludger Wößmann, »The legacy of Covid-19 in education«, in: *Eco-nomic Policy* (07.09.2023), online verfügbar unter: {https://doi.org/10.1093/epolic/eiado16}. S. 44.